HEYNE <

HOLM FRIEBE · SASCHA LOBO
KATHRIN PASSIG · ALEKS SCHOLZ
(HRSG.)

# RIESENMASCHINE

## DAS BESTE AUS DEM BRANDNEUEN UNIVERSUM

WILHELM HEYNE VERLAG · MÜNCHEN

FSC
Mix
Produktgruppe aus vorbildlich bewirtschafteten Wäldern und anderen kontrollierten Herkünften

Zert.-Nr. SGS-COC-1940
www.fsc.org
© 1996 Forest Stewardship Council

Verlagsgruppe Random House FSC-DEU-0100
Das für dieses Buch verwendete FSC-zertifizierte Papier
*München Super* liefert Mochenwangen.

Redaktion: Michael Brake, Lars Hubrich, Sascha Lobo

Originalausgabe 08/2007


www.heyne.de
Printed in Germany 2007
Umschlag, Innengestaltung und Satz: Martin Baaske, Berlin
Druck und Bindung: GGP Media GmbH, Pößneck
ISBN: 978-3-453-61001-9

*Die Produkte der Kulturindustrie können darauf rechnen, selbst im Zustand der Zerstreuung alert konsumiert zu werden. Aber ein jegliches ist ein Modell der ökonomischen Riesenmaschinerie, die alle von Anfang an, bei der Arbeit und der ihr ähnlichen Erholung in Atem hält.*

Max Horkheimer / Theodor W. Adorno
Dialektik der Aufklärung

Dieses Buch hat ungewöhnlich viele Herausgeber. Nun könnte man vermuten, dass – obschon Einzelne unverdient mit hineingerutscht sein mögen, weil man ihre zweifelhafte Prominenz und die »Zugkraft« ihrer Namen abschöpfen wollte – damit zumindest diejenigen, die die editorische Arbeit an diesem Werk geleistet haben, hinlänglich erfasst sind. Jedoch weit gefehlt. Keiner der vier hat nennenswert zum Entstehen beigetragen, stattdessen hat man sich allseits mit lahmen Ausreden wie »Ich glaube, ich werde im Keller verlangt.« oder »Ich muss bis kommenden Donnerstag selbst zwei Bücher schreiben!« aus der Affäre gezogen. Wer über genauere Kenntnisse der Riesenmaschine-Redaktion verfügt, wird selbstständig erraten, dass das vorliegende Buch in Wirklichkeit von Michael Brake ganz allein zusammengetragen, redigiert und korrigiert wurde. Die Herausgeber liessen sich dabei nur hin und wieder im Büro blicken, um Brakes Rotstift zu verstecken und dann schäbig zu lachen. Zum Ausgleich für die erlittene Unbill sollte Brake mit aufs Gruppenbild, wurde aber nicht über den Fototermin informiert und wird deswegen von einem Gummileguan dargestellt.

▲ Von links nach rechts: Sascha Lobo, Holm Friebe, Kathrin Passig, Aleks Scholz bei der Arbeit an diesem Buch. Vorne: Michael Brake.

# Inhaltsübersicht

Artikel jetzt *noch schneller* finden!!!

Vorwort ........ 10

1 **Zeichen und Wunder** ........ 14
Dezimal ist auch keine Lösung • Post it • Corporate Communist Design • Behinderte raus! • Fax an Space Invaders • Budgetampel mit Brezelschrift • Give Six

2 **Sachen anziehen** ........ 24
Fun ist ein Stahlgewitter • Der allerletzte Kaiser • Warum und zu welchem Ende tragen wir Schnürsenkel • Der Hut • Intelligent Design • Ho Chi Minhs Hintern

3 **Essen und Essenzielles** ........ 36
Zweifelderwirtschaft • Die Eismeister • Zapft die Bäume, bevor sie bitter werden • Kochen mit Fett • Pilzpolemik • Single Cola, Single Cask • Brot für die Brut • Die Vermessung der Suppe • Einen im Tee

4 **Alles wird besser** ........ 48
Alles hat zwölf Enden • Stählerner Stahl (Stahl) • Im Zeitalter der Putzguerilla • Hitherto Unobserved • Blitzerhacking • Selbstversuche • Das grösste Loch Europas • Höher Hören • Schlafen auch ohne Nacht • Neologismus Entenmunition • Der Feind in meinem Beet • Form follows Entertainment • Geld wie Heu

**5 Alles wird schlechter** ........ 68
Igel in Gefahr • Wer nicht beisst, kriegt Arschkrebs • Wellnessnachfolge geklärt • uPod • Völkermord in der Schweiz • Sand auf unserer Haut • Mozart's Balls

**6 Fakten und Figuren** ........ 78
Hot, hot, hot • Sex in H0 • Luftschiffe versenken • Shampoo-Wissenschaftsskandal • Platten, wie wir sie lieben • Abbildungsreligion Daoismus • Nichttödliche Waffen • Gestern oder Vorgestern • Bäckerhefen sehen Dich an • Der FASIP

**7 Supertiere** ........ 94
Der Walzahn des Zahnwals • Spechte raus! • Haustiertrends durch die Jahrhunderte • Vom Segen der Marktforschung • Teuflische Ameisen • Fortschritt aus dem Tümpel • Vier entkontextualisierte Tiere • Undicht und nützlich • David gegen Goliath • Flieg, Kiwi, flieg • Mehr über Nagetiere • Die neuen Frühjahrstiere sind da • Stirb, Tier • Der Frostschutzfrosch • Der Vogel, die Vögel, das Ungeziefer

**8 Berlin** ........ 114
Reise ans Ende der Nacht • Vintage Architecture • The DJ is dead • The Times, They Should Be a-Changin' • Themenhalden • Das Furbyhaus

**9 Anderswo** ........ 122
Slacklining – der neue doofe Trend aus Kalifornien • Reisen im Esstisch »Norden« • Früher Fake • Hubschrauber sind Öko • Die Zukunft von keine Arbeit • Und sonntags zum Familien-Dschihad • It's a Stony • Where the Streets have yo Name • Volk ohne Hohlraum

10 **Vermutungen über die Welt** ........ 136
Lebensverlängernde Massnahmen • Der Kern des Ganzen • Be sure to wear some Zeitschleifen in your hair • Dann halt Vulkane • Bratwurst-Hausse • Pimp my Scholastik • Sind Zähne Absicht? • Mutmassungen über die Weppelzihne • Die Krankheit Ich

11 **Nachtleuchtendes** ........ 148
Ringe, Rätsel, Riesenwelten • Dunkelheit, wohin? • Von Kugeln und Löchern • Gottesbeweise • Lumen de Lumine • Die dunkle Seite

12 **Was fehlt** ........ 158
Bitte nicht ansprechen • Schlaflos, fast überall • Der FBW-1 • Praecox-Bescheid • Das vorhandenste Taschenmesser der Welt • Länderwahlomat • Was man herumtragen soll • Automatische Fische

13 **Sachen kaufen** ........ 168
Hurra, Unverhältnismässigkeit • Dudel ohne Sack • Deppenmagneten • Bullauge sei wachsam • Heisse Luft revisited • A Second Point of View • Ein schöner Tag in der Firma • Wahlverwandtschaften • Panik im Leerlauf • Von Markt- und Zahnlücken

Die Autoren ........ 182

Kredite ........ 186

Register ........ 188

Werbung ........ 192

# RIESENMASCHINE als Handapparat

Früher, als man noch an Unis studierte, gab es in den Bibliotheken eine Abteilung, die sich »Handapparat« nannte. Sie machte ihrem Namen keine Ehre: Es waren düstere Regalmeter voll unhandlicher Aktenordner mit leeren Klarsichthüllen. Die darin ursprünglich enthaltenen Kopiervorlagen waren geklaut von Leuten, die das Kleingeld für die Kopierer nicht investieren wollten.

Dann kam das Internet, und alles wurde besser. Man musste überhaupt nicht mehr an Universitäten gehen, wenn man etwas über Dinge lernen oder herausfinden wollte. Und wenn doch, fand man alles online, was man brauchte, um sich seinen Weg durchs Seminar freizubluffen. Das Tolle am Internet war aber nicht nur, dass man sich Sachen herunterladen konnte. Man konnte es auch selbst vollschreiben. »Mit dem Schreiben am Computer und dem Verschwinden des letzten Rests an Stofflichkeit sind sie der eigentlichen Substanz, dem Geist, ein wichtiges Stück nähergekommen«, hatte Peter Glaser schon 1996 hellsichtig in einem Essay anlässlich der Verleihung des ersten deutschen Internet-Literaturpreises notiert, mündend in die Zielvorgabe: »Nun schreiben sie mit Licht«. Aber Zeichen und Wunder dauern bekanntlich etwas länger, zumal bei Menschen, die das produktive Prokrastinieren im Hauptfach studiert und später zum Beruf gemacht haben.

Daher dauerte es knapp zehn Jahre, bis in einer Kreuzberger Remise die Riesenmaschine das Licht des Internets erblickte. Zwar hatte es die Riesenmaschine auch schon 1996 gegeben: als Rubrik in dem von Martin Baaske und Holm Friebe in Münster produzierten Fanzine

»Luke & Trooke«. Allerdings war man damals noch zu stark der Handapparat-Logik des papierraschelnden Säkulum verhaftet, was auch bedeutete, kistenweise Hefte von der AStA-Druckerei abzuholen, sie mühsam in die diversen Buchläden des Uni-Städtchens zu tragen und die unverkauften Exemplare Monate später gegen neue auszutauschen. Für die an sich banale Erkenntnis, dass man ein Fanzine heutzutage organischer und ökonomischer im Internet betreiben kann, brauchte es zwei Umzüge nach Berlin und das kompromisslose Technik-Regime von Kathrin Passig. Es brauchte das organisatorische Hinterland der Zentralen Intelligenz Agentur, die als ortlose Firma gerade den Badesee als verlängerte Werkbank entdeckt hatte, sowie den Sommer 2005, der zwar nicht ganz an die legendären Rekordsommer von 1947 und 2003 heranreichte, aber mit gemessenen 32 Tagen über 30 Grad immerhin Supersommer wie die von 1976, 1983 oder 1991 in den Schatten stellte. Diese aufgeheizte Inkubator-Situation diente als Brutstätte für die Riesenmaschine.

Mit der Wort-Bild-Marke, die als typografisches Fundstück unverändert von Print nach digital übernommen wurde, hatten wir uns gleichzeitig die redaktionelle DNA eingehandelt. Das Logo ist der herauspräparierte Teil einer Überschrift eines Beitrages des Jahrbuchs »Das neue Universum« aus den späten 1950ern, in dem es um neue Grossgeneratoren ging. Die vollständige Zeile lautete »Riesenmaschinen stillen Stromhunger«. Das Jahrbuch selbst, 1880 angetreten, um jährlich die »interessantesten Entdeckungen und Erfindungen auf allen Gebieten« zu versammeln und »besonders für die reifere Jugend« aufzubereiten, hatte in jener Zeit gerade einen inhaltlichen und formalen Zenit erreicht, bevor es zur Jahrhundertwende hin in der Bedeutungslosigkeit verläpperte. Umweltverschmutzung und Hippies gab es noch nicht, trotz Atombombe und Hornbrillen waren es die Ingenieure, denen man zutraute, die Welt zu retten und das Weltall zu einem besseren Ort zu machen. Technische Lösungen für soziale Probleme, das war der Geist der Stunde. An diesen ungebrochenen Fortschrittsoptimismus mussten wir anknüpfen.

Dies zu befördern gab es im Berlin der Nuller Jahre niemand Geeigneteren als Sascha Lobo, der als illustrer Widergänger Filippo

Tommaso Marinettis den Futurismus in seiner ursprünglichen, auf Eskalation und Akzeleration gepolten Form exakt hundert Jahre später wiederzubeleben versuchte. Als Kultusminister im totalitären Staat mit menschlichem Antlitz, der die Riesenmaschine im Inneren ist, wacht er darüber, dass das Neue prinzipiell erst einmal gut gefunden und emphatisch begrüsst wird, es sei denn, es liegen eine erdrückende Empirie oder begründete Verdachtsmomente dagegen vor. Fehlten zur Kernbesatzung noch Christian Y. Schmidt, der als Wirtschaftsflüchtling in die aufstrebenden Regionen Asiens auswanderte, um von dort zu berichten, Aleks Scholz, der die Aussenposten Kanada, Schottland und Weltall abdeckt, Kai Schreiber als Forschungsreisender im menschlichen Gehirn und Michael Brake als akribischer Universalgelehrter. Tex Rubinowitz verweigerte als Experte für Hass, Neid und Schlechtgeficktes von Anfang an den Tanz um das flauschige Häschen Affirmation, schreibt aber trotzdem nachts heimlich alles voll.

Eigentlich jedoch kann man hier keine genaue Grenze um einen inneren Kreis ziehen, denn eine Besatzung aus mittlerweile mehr als 70 Autoren trägt mit ihren Observationen und Notizen zum weltlichen, wissenschaftlichen und warenförmigen Fortschritt dazu bei, dass dieses wundersame Ding Riesenmaschine täglich weiterläuft. Einige der Autoren haben wir gebeten, sich zur Eröffnung der Kapitel des Buches, die weitgehend den Kategorien in der Riesenmaschine entsprechen, einmal etwas ausführlicher und grundlegender mit dem jeweiligen Grossthema auseinanderzusetzen, als das in einem einzelnen Beitrag fürs Web möglich ist.

Dabei ist das von aussen zu beobachtende Textvolumen im Netz nur ein Bruchteil dessen, was im Inneren und hinter den Kulissen produziert wird. Ein wesentlicher Teil des Buchstabenaufkommens ist für das Auge des normalen Lesers unsichtbar, denn es findet als Metadiskussion über die einzelnen Texte in geschützten Bereichen statt. Es hätte keinen Sinn, die abschweifenden und endlos mäandernden Diskussionsstränge einem breiten Publikum zugänglich zu machen. Vor allem würde es den im Brevier für Autoren verbrieften Grundsatz der Riesenmaschine zuwiderlaufen: »Keine Sozialgeräusche – Keine Befindlichkeiten – Kein Erlebnisschrott!«

Damit erklärt sich allerdings der bei allen Extravaganzen relativ einheitliche Stil, das mehr oder weniger gleichbleibende Niveau, sowie der im Vergleich zum Rest des Internets verschwindend geringe Anteil von Katzen-Content in der Riesenmaschine (zugegeben, dafür haben wir eine Schwäche bei den Nagetieren, den heimlichen Herrschern der Riesenmaschine, aber das ist eine andere Geschichte). Die Riesenmaschine nutzt schamlos einen entscheidenden Vorteil des Internets aus: Man muss keine Rücksicht auf seine Leser nehmen, oder besser gesagt keine Rücksicht auf den dümmsten anzunehmenden Leser. Stattdessen kann man seine Leser für klug verkaufen und mit Themen und Sachverhalten konfrontieren, die früher zwischen Buch- und Aktendeckeln in der Seminarbibliothek begraben lagen.

Der einzige Nachteil des Internets ist, dass man es noch nicht so ohne weiteres mit sich herumtragen kann. Demnächst, im Prinzip heute schon, wird sich auch das Internet auf den Geräten abspielen, die wir täglich am Körper mit uns führen, dem Gehirn zum Beispiel. Weil aber noch nicht alle so einen internetfähigen Handapparat haben, und ein Stück weit auch einfach, weil es geht, gibt es das Beste aus knapp zwei Jahren Riesenmaschine jetzt in erprobt handlicher Papierform als Buch.

Abschliessend noch ein Wort zum Thema Rechtschreibreform: Einem Grundprinzip der Riesenmaschine zufolge besteht das Wesen der meisten erfolgreichen Revolutionen nicht darin, das Bestehende komplizierter zu machen, sondern im Weglassen, Wegwerfen und Wegmachen (Steuergesetze, Königsköpfe, Knöpfe). Deshalb sind wir im unübersichtlichen Dickicht der verfahrenen deutschen Rechtschreibung schon mal ein Stück vorausgegangen, und haben den überflüssigsten aller Buchstaben abgeschafft. Aus diesem Grund wird man in diesem Buch kein einziges »ß« finden, na gut, eins. Wenn sich diese sinnvolle Massnahme dermaleinst flächendeckend im deutschen Sprachraum durchgesetzt haben wird, können wir fragen: Wer hat's erfunden? Nur um dann kleinlaut einräumen zu müssen: Die Schweiz.

**Redaktion Riesenmaschine, Ende April 2007**

# 1 Zeichen *und* Wunder

DANIEL ERK

Will der Mensch sich orientieren, also am Orient ausrichten, um zu wissen, wohin die Reise geht bzw. ob die Reise noch dahin geht, wohin sie eigentlich gehen soll, braucht er Zeichen. Sternzeichen zum Beispiel oder aber, wenn das durch nächtlich leuchtende Strassenlaternen unmöglich gemacht werden sollte, Strassenschilder, Ampeln, Warnsignale.

»Die Welt ist voller Zeichen, doch für manche sind wir blind«, sang Ende des letzten Jahrzehnts die Hamburger Popgruppe »Die Sterne«, und man darf vermuten, dass es nicht so sehr um antike oder zeitgenössische Formen des Reisens ging, sondern natürlich um das grosse Ganze. Orientierung zu suchen, um einen Weg zu finden, muss sich nämlich gar nicht so zwangsläufig um Reisen oder Fortbewegung drehen, darf dafür im Gegenzug aber auch etwas mit Fortschritt zu tun haben. Und hier kommt die Riesenmaschine ins Spiel. Dazu aber gleich mehr.

Zunächst eine Überlegung: Angenommen, man würde über Jahre am selben Platz bleiben, verweilen, stagnieren, Ruhe finden, jedenfalls das Gegenteil einer Reise betreiben – würde man am selben Ort bleiben? Oder würde der Ort sich so sehr verändern, dass auch die Bewegungslosigkeit einer Reise gleichkäme? Genau davon darf man ausgehen.

Daher kann man an diesem Ort namens Welt verweilen und sich die Scharen an Zeichen ansehen, die einem über die Zeit begegnen. Genau das macht die Riesenmaschine in der Rubrik »Zeichen und Wunder«. Piktogramme und Stilisierungen, Tapeten aus Briefmarken, Gottheiten in China und Comicfiguren aus Belgien, vor allem aber offensichtliche oder weniger offensichtliche Kommunikationsstrategien werden gesucht, gefunden, beschrieben, beschriftet und eingeordnet. Auch die Expedition ins Reich der Semiotik braucht Mutige, braucht Forscher und Denker. Und einer muss es ja tun.

Weil aber das grosse Ganze oft recht sperrig und schwer ist, was man ob der allgemeinen Schwere des Lebens keinem zumuten mag, geht es bei »Zeichen und Wunder« um Detailaufnahmen. Um Teile, die für das Ganze stehen. Auch wenn eine Schwalbe noch keinen Sommer macht, es könnte ja sein, oder? Und flöge sie rückwärts, brächte sie dann Winter? Oder den Herbst, als Ende des Sommers? Man könnte wenigstens einmal darüber nachgedacht haben.

Die ständigen Verweise auf die Natur führen natürlich in die Irre: Für keinen anständig vernetzten Menschen von heute ist es noch von Relevanz, wie eine Eiche aussieht, wie genau der Ruf eines Habichts geht oder welche Wolkenformation Regen bringt. Für den Menschen von heute sind die Zeichen der Gesellschaft und der Kommunikation die real existierende Lebensumgebung. Eine Suchmaschine zu bedienen ist einfach faktisch wichtiger als ein Feuer machen zu können, ob man es mag oder nicht. Und auch wenn in ruhigen Momenten in »Zeichen und Wunder« die Natur eine gewisse Rolle spielen mag, sollte man sich keiner rückwärtsgewandten Naturromantik hingeben.

Draussen vor der Tür ist schön und gut, aber hier drin, im Internet, in Medien, vor allem aber in unseren Köpfen, toben die Schlachten und Feldzüge semiotischer Kriege – und auch hier gibt die Riesenmaschine wacker den Kriegsreporter, sucht Konfliktlinien, benennt Gegner und gibt Orientierung. Im schlimmsten Falle, wenn jede Orientierung allen Zeichen zum Trotz verloren ist, dann hilft nur noch ein Wunder. Und auch wenn wir gerade nicht so recht wissen, woher das kommen soll: Wir haben immerhin eine Ahnung, wie es aussehen müsste.

ROBERT KOALL

# Dezimal ist auch keine Lösung

Wer kennt nicht diese Situation? Man hat in einem mörderisch angesagten Szeneclub eine überaus attraktive Person zu einem Getränk ihrer Wahl eingeladen und sie in amouröser Absicht in ein Gespräch über die Wu-Dynastie verwickelt.

Der Person, obwohl sie Sinologie studiert hat, ist nun entfallen, wann genau noch mal Sun Jun verstarb, und sie sucht in gespielter Verzweiflung nach der richtigen Jahreszahl, was sehr reizend aussieht. Man will ihr zu Hilfe eilen und ihr nonchalant die Jahreszahl »256« verehren, doch genau in diesem Moment legt der DJ eine neue Platte auf, deren eigentliche Wirkung sich nur bei maximaler Lautstärke entfaltet – ein Umstand, dem der Mann am Mixer unmittelbar Rechnung trägt. Unhörbar ist nun selbst die eigene Stimme und also auch unmöglich, der Person aus ihrer Klemme zu helfen. Die Konversation stockt, und die Aussichten auf Geschlechtliches sinken rapide.

Gut beraten war indes, wer zuvor seine Finger binär sortiert hat. Weist man dem Daumen den Wert 1 zu, dem Zeigefinger 2, dem Mittelfinger 4, dem Ringfinger 8 und dem kleinen Finger 16, so ist es mit ein wenig Übung und Additionsvermögen kinderleicht, mit einer Hand Zahlenwerte bis 31 gestisch zu vermitteln. Nimmt man noch die andere Hand hinzu, so erweitert sich das Spektrum bis zum Wert 1023. Sollte das Thema im Laufe des Abends also noch auf Niederlothringen kommen, so ist man sogar für Fragen nach dem Todesjahr von Gottfried II. gewappnet. Einer gemeinsamen Nacht, in der andere Gesetze gelten, steht nun nichts mehr im Wege. Danke, binäres System!

# Post it

SASCHA LOBO

Briefmarkenautomaten sind gut und richtig, und die Post verdient Lob dafür, Briefmarken nicht mehr von Schalterterroristen verkaufen zu lassen, sondern mit einem Computer die entsprechenden Arbeitsplätze in die kundenferne Briefsortiererei zu verlagern. Das wird offenbar auch schon so gehandhabt, denn inzwischen kann man auf einen Brief »Herr Müller, irgendeine Allee in Berlin oder so« schreiben, in Schreibschrift mit Neonstiften, und der Brief kommt nach zwei Tagen an, zusammen mit einer schriftlichen Entschuldigung wegen der eintägigen Verspätung. Wenn jetzt auch noch die rasend bekloppten Paketstationen – aber das gehört nicht hierher.

Der Markenautomat jedenfalls lässt auch einen beliebigen Wunschwert zu. Ein gewitzter Zeitgenosse hat das mit einem Cent ausprobiert, der Automat hat anstandslos geliefert, und schon war die 1-Cent-Marke auf das Gerät selbst geklebt. Man stelle sich kurz die Reaktion eines Postschalteristen vor, bestellte man eine 1-Cent-Marke und singe fürderhin ein Loblied auf die Automatisierung aller Mensch-Institutionen-Schnittstellen. Die 1-Cent-Marke selbst aber ist in mehrfacher Hinsicht etwas Besonderes. Zum einen ist ein bunter Aufkleber in einer Mindestauflage von 1 Stück für einen Cent heute kaum mehr zu bekommen, und wenn er schon so billig ist, dann soll sich niemand über das doofe Motiv beschweren. Zum Zweiten könnte man sich für 45 Cent 45 Marken kaufen, sie geschickt miteinander verkleben, bekritzeln und hätte so eine nur aus Marken bestehende Postkarte – für Freunde des postmodernen Postpurismus. Zum Dritten aber lassen sich die Marken gut als hochflexibles Gestaltungselement nutzen. Bei einer Markengrösse von 2 x 4 cm braucht man pro Quadratmeter nur 1.250 Marken, also 12,50 Euro, um Oberflächen von Tisch, Wand oder Fenster lustig zu bekleben: Eine echte Markentapete, die buchstäblich jeden Cent wert ist.

• **SO NICHT**: Südpol, zweiter am 

CHRISTIAN Y. SCHMIDT

# ★ CORPORATE COMMUNIST DESIGN

Vietnam ist der einzige Staat dieser Erde, in dem das gute alte Hammer-und-Sichel-Emblem noch an jeder Strassenecke präsent ist; im Gegensatz zu anderen, nominell noch kommunistischen Staaten. In China kommt das alte Logo eigentlich nur mehr hinter Windschutzscheiben von Funktionärslimousinen vor, gewissermassen als Ausweis für freies Parken. Zudem war die Sichel im chinesischen Emblem schon immer etwas runder als beim sowjetischen Original. In Kuba sieht man statt des gekreuzten Werkzeugpaars praktisch nur Che entrückt dreinblicken, und in Nordkorea ist sowieso eine eigene Version in Umlauf: eine eher schlecht designte Kombi aus Hammer, Hacke und Pinsel, das offizielle Symbol der dortigen (Staats-)Partei der Arbeit.

Auch in Vietnam sind H&S das Emblem der Staatspartei, die hier noch ganz klassisch Kommunistische Partei Vietnams heisst. Im Strassenbild findet es sich fast ausschliesslich auf einer roten Fahne, die gerne auch neben der Nationalflagge (Grosser gelber Stern auf rotem Grund) hängt. Beide Fahnen, das kann auch der strengste Antikommunist nicht leugnen, sehen sehr, sehr gut aus, nicht nur, wenn sie im Sonnenlicht am malerischen Hoan-Kiem-See in Hanoi herumflattern. Es sind die prallen Farben, das schlichte Design und die sofort zu erfassende Symbolik, die sich jedem gleich in die Optik fräsen.

▲ **Farbenfroher Kommunismus.**

Stellt sich die Frage: Wer hat das H&S-Emblem eigentlich entworfen? Die Heraldiker und Vexillologen sagen: keiner bzw., wie sich das für eine kommunistische Bewegung gehört, praktisch alle. Erstmals aufgetaucht ist es im Zuge des russischen Bürgerkriegs, auf Fahnen revolutionärer armenischer Einheiten, etwa um 1917. Es hätte aber auch ganz anders kommen können. Wie auf Fahnen der frühen Roten Armee zu sehen ist, war das Vorläufersymbol ein Hammer und ein im Verhältnis dazu unproportionierter, klobiger, überhaupt schwer zu zeichnender und noch schwerer erkennbarer Pflug. Kaum denkbar, dass das internationale Unternehmen »Kommunismus« unter diesem missglückten Signet die bekannten Propagandaerfolge errungen hätte.

Noch heute ernährt das Logo Legionen von T-Shirt-, Basecap- und Unterhosen-Bedruckern in aller Welt, denn H&S wird auch im Westen gern getragen – hauptsächlich von jungen Menschen allerdings, die keinen Nagel gerade in die Wand einschlagen können, geschweige denn mit einer Sichel einen Halm ernten.

SASCHA LOBO

# BEHINDERTE RAUS!

Es ist wahr, dass Grafiker einen schweren Job haben, weil sie das bunt machen müssen, was andere ihnen sagen, obwohl sie nichts mehr hassen, als bunt zu machen, was andere ihnen sagen. Es ist auch wahr, dass Piktogramme und Stilisierungen viel, viel schwerer zu designen sind, als man annimmt. Trotzdem hätte der entwickelnde Grafiker, aber auch der zuständige Projektmanager und schliesslich die anbringende Person selbst eine Spur mehr Feingefühl zeigen können. »Behinderte verboten«, dieses Schild auf dem Nürnberger Flughafen klebt ohne ersichtlichen Grund an einer Säule mitten in der Abflughalle. Im ersten Moment denkt man so bei sich, klar, die Nürnberger Rassegesetze wirken hier im volkshygienischen Bereich noch nach. Erst einige Nachfragen später offenbart sich die Bedeutung des Schilds: »Ab hier keine Möglichkeit mehr für Rollstuhlfahrer, die Ebene zu wechseln, weil nur noch Treppen und keine Fahrstühle mehr vorhanden sind.« Hätte man auch selbst drauf kommen können. So weit ist Nürnberg nun auch nicht hinterher.

JAN BÖLSCHE

# Fax an SPACE INVADERS

Mit Konstanten ist das so eine Sache. Von Soft- und Hardwareentwicklern, die eine Obergrenze für irgendwas als konstant festlegen (99 SMS, 640 kB RAM), heisst es zu Recht, dieses Vorgehen wäre Ausdruck geistiger Trägheit, Starrköpfigkeit und Fantasielosigkeit.

*Bill Gates wird fälschlicherweise das Zitat »640 kB RAM sollten eigentlich genug für jeden sein.« zugeschrieben.*

Den Schöpfer des Universums hingegen hört man noch sagen: »300.000 Kilometer pro Sekunde sollten eigentlich schnell genug für jeden sein.« Nimmt man heute den Hörer ab, um einen guten Freund anzurufen, der gerade im Sternbild Herkules wohnt, klingelt sein Telefon erst 22.800 Jahre später. Und dann dauert es noch einmal so lange, bis das »Hallo? Wer ruft da während der Simpsons an?« aus dem Hörer bellt.

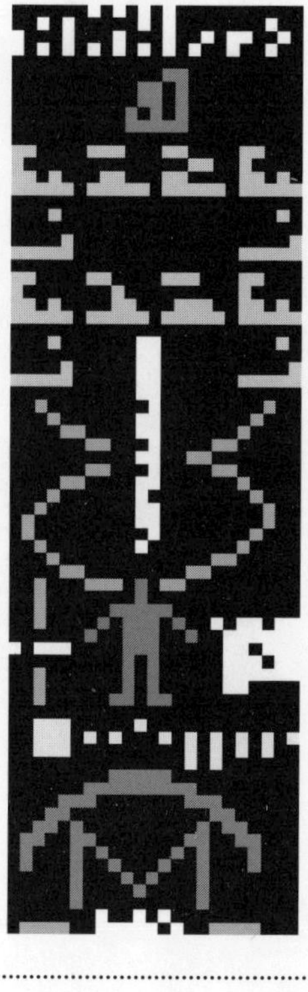

Egal! Je eher dran, desto eher kommt es an, dachte sich Frank Drake am 16. November 1974. Er schickte ein Fax, bekannt als die Arecibo-Nachricht, in damals wie heute trendiger Pixelästhetik an den wohnlich aussehenden Kugelsternhaufen Messier 13. Gut, dass er es schon damals gemacht hat, denn jetzt müssen die Empfänger schon nur noch 22.767 Jahre auf den Empfang warten und haben dann hoffentlich Papier und Tinte im Faxgerät.

Auch zu hoffen ist, dass sich die Menschheit an all das noch erinnert, wenn im 470. Jahrhundert die Antwort aus dem Fernkopierer herausfällt: »Hübsch. Hängt jetzt hier am Kühlschrank.«

# BUDGETAMPEL mit Brezelschrift

CHRISTIAN Y. SCHMIDT

Während die Stadtlicht GmbH in Berlin Schnickschnack-Ampeln mit Navigationssystem aufstellt, die dann wieder von irgendwelchen Streetart-Heinis mit Smileys bemalt werden, beschreitet das Ampelamt von Myanmar (das ein gewisser Bono nur Burma nennt) andere Wege der Verkehrsregulierung: Es platziert an die Strassenkreuzungen des Landes Ampeln, die aus bemaltem Blech gefertigt sind. Diese Ampeln haben den Vorteil, dass sie gänzlich ohne Strom auskommen, denn der ist in Myanmar äusserst rar. In weiten Teilen des Landes kommt oft tagelang kein einziges Elektron aus der Steckdose, von Protonen ganz zu schweigen, und selbst Stadtteile in Grossstädten wie Mandalay werden nur abwechselnd und dann auch nur stundenweise mit Elektrizität versorgt.

*In Berlin gibt es am Potsdamer Platz seit einiger Zeit Ampeln, bei denen auf einem Minidisplay in Handhöhe der Weg zur in Sichtweite liegenden Philharmonie erklärt wird.*

Zudem fördern die Budgetampeln das eigenständige Denken, denn jeder Verkehrsteilnehmer muss selbst entscheiden, was gerade Phase ist. Da wir während des Birmanischunterrichts (Myanmar wird in Deutschland auch bisweilen Birma genannt) hauptsächlich den doofen Bono geärgert haben, können wir leider nicht sagen, was auf dieser Ampel in der am Inle-See gelegenen Kleinstadt Nyaungshwe geschrieben steht. Wir wissen aber, dass man die Schrift der Myanmarer auch eine Blasen- oder Brezelschrift nennt und was die Myanmarer sagen, wenn ihnen eine Handschrift besonders gut gefällt, nämlich: »Du schreibst wirklich wunderbar rund.«

# Give Six

TEX RUBINOWITZ

Dass Lordi in Finnland durch seinen Sieg beim Eurovisionssongcontest einen enormen Popularitätsschub für seinen Kaugummi-Metal erfahren hat, kann man daran erkennen, dass bei einer Spontandemonstration gegen die unlautere Demaskierung des Lateinlehrers und Kiss-Fans aus Rovaniemi/Lappland durch ein Revolverblatt 15.000 Menschen eine Karaokeversion seines Siegertitels »Hard Rock Halleluja« vor der grössten Kirche Helsinkis zum Besten gaben, woraufhin sich das Blatt bei ihm entschuldigen musste (»Anteeksi Lordi«). Oder auch daran, dass bereits Dreijährige Lordishirts tragen – zwar nur diese, aber sie sind ja immerhin Finnlands Zukunft.

Lordis erster Post-Eurovisions-Hit hiess »Chainsaw Affair«, und er thematisiert nicht, wie man vermuten könnte, die Berufsunfälle finnischer Waldarbeiter, auch nicht die Interessen der Apotemnophilen, also der Selbstverstümmler, denen das eine oder andere Gliedmass über kurz oder lang lästig geworden ist, und die durch den dadurch entstandenen Platz mehr Lebensfreude erzielen können.

Dass ein Finne wie Lordi das alles nicht im Sinn gehabt haben kann, beweisen die gliedmassenglorifizierenden Zugrestauranttüren der finnischen Eisenbahngesellschaft, denn wenn sechs Finger schon nicht ausreichen, darf man sie auch ruhig mit dem Fuss auftreten. Nicht allerdings darf man sie mit Koffer, Mantel und Hut betreten. Aber ein Hut ist ja auch kein Körperteil.

# 2 Sachen anziehen

IRA STRÜBEL

Als 1955 der Psychoanalytiker J. C. Flügel starb, hiess es in seinem Nachruf, sein Werk »The Psychology of Clothes« sei wohl von seiner Abneigung gegen gestärkte Kleidung und einer gewissen Vorliebe für den Nudismus inspiriert gewesen. Tatsächlich aber waren Flügels Schriften über den Menschen und seine Garderobe nur die Spitze seines persönlichen sozialreformerischen Eisbergs: Er wollte eine bessere Welt und diese auch durch fortschrittlichere Anziehsachen schaffen.

*Aus seiner Sicht also: keinere.*

Und wo es um Fortschritt geht, ist das brandneue Universum nicht weit. Ungern will man daher die Exegese der künftigen Äusserlichkeit den Anhängern Freuds überlassen, erst recht, da doch, so Flügel, alle erdenklichen Gründe für das Anziehen von Sachen und Dingen im Grunde neurotisch und irrational sind. Neurotisch und irrational, was weiss die Psychoanalyse schon davon!

*Oder irgend jemand anderem.*

So suhlt sich die Riesenmaschine in der Kluft zwischen realer und geschriebener Kleidung, und sie tut dies in der Tat mit neurotischer und irrationaler Hingabe. Als gäbe es kein Morgen oszilliert ihre Deutung zwischen Soziologie, Semiologie und Seismologie, um am Ende alle drei zu übertrumpfen und für die rein imaginären Anziehsachen eine neue kollektive Vorstellung – oder doch zumindest eine mehr oder minder tragbare Vorstellungskollektion – zu entwerfen. Denn wenn schon ein Grund für die vorsätzliche Gestaltung des Äusseren nicht im Funktionalen, sondern in den untherapierten Stellen des kollektiven Unbewussten liegt, dann gilt es wohl, neben Material und Verarbeitung des Stoffes auch sorgfältig die Alibis der üblichen Verdächtigen (Sex, Drogen, flatterhaftes Jahreseinkommen) zu überprüfen, um

*Roland Barthes, Die Sprache der Mode, Frankfurt / Main, 1985, S.13 ff.*

der Hidden Agenda des Textilen auf die Schliche zu kommen. Das geheimnisvolle normative System der Mode gerät, auf solche Weise lesbar gemacht, zum »Sachen anziehen«, einer Disziplin, die der praktischen Lebenshilfe näherkommt, als uns allen lieb sein kann.

Schliesslich wird die Masse der Menschen erst in ein bis zwei Jahren in der Lage sein, ihr komplettes myspace-Profil als singende und klingende Dauerprojektion auf dem unbedeckten haarigen Rücken mit sich herumzutragen. Bis dahin trifft sie in der Kohlenstoffwelt erste Aussagen zum individuellen Aggregatszustand, zum Zuordnen oder Abgrenzen, zu Gesinnung, Ambition und Stumpfheit weiterhin vor allem über die Gestalt und ihre Manipulation. Stammelnd wird dabei die eigene Körperlichkeit formuliert, man kaschiert sogenannte Stellen, fixiert missfällig haarige Warzen auf fremden Kinnen oder das Scorpions-T-Shirt des künftigen Praktikanten, man liest das Gefieder des Gegenübers, schätzt Rang in der Herde und Häufigkeit hygienischer Verrichtungen ab, kurz: man taxiert seine zivilisatorische Verortung.

*Solcherlei Wearable Technology kommt immer in ein bis zwei Jahren, ein Zeit-Phänomen, dem mit dem Ausdruck »Godot-Trend« nur unzureichend Rechnung getragen wird, die Physik sollte sich bitte mal darum kümmern, danke.*

*Man ersetze den Begriff myspace bitte bei Bedarf durch den jeweils aktuellen Stand des Web 2.0, 3.0 oder 5.8.*

Und dennoch: Zivilisation allein kann nur die halbe Miete sein und vernachlässigt die Nebenkosten sträflich; es muss was Lebiges hinein. Schliesslich ziehen wir letzten Endes die Sachen oft aus dem gleichen Antrieb heraus an, aus dem wir sie ablegen. Aus diesem Grunde huldigt die Maschine denn auch konsequent dem mahnenden Riesentier: Geht es in einem Alltag der zunehmend virtualisierten Beziehungen, der jederzeit verfügbaren warmen Mahlzeiten und des Siegeszuges pflegeleichter Microfasern doch auch darum, bei aller Bejahung des Vorwärtskommens dem Willen Ausdruck zu verleihen, immer wieder das Animalische vor der endgültigen modischen Zähmung zu retten, das ungewaschene Atom gegen die identisch akzentuierten Pixel zu verteidigen, sei es durch das visionäre Herumtragen betont undomestizierter Stellen am

*Bis uns ein besserer einfällt.*

Leib (Gesichtsbehaarung, Lobo et al.) oder den verzückt spekulativen Blick des semiologischen Impressionisten besonders auf jene Areale, die das Hormonelle dem Verstand täglich von Neuem abtrotzt (Ho Chi Minhs Bronzespandex, Schmidt).

In der Auseinandersetzung mit dem Sachenanziehen vereint die Riesenmaschine also den Ursprung mit der Utopie, den animalischen Wunsch, sich zu zeigen, mit dem zivilisatorischen Zeigen des Wunsches. Verwurzelt in dieser Zwiespältigkeit des Anspruchs unterwirft sie sich willig dem Gebot der Euphorie über die Mode, ganz gleich welcher Zeit und welchen Ehrgeizes. Zumindest in der Theorie eins mit dem vestimentären Code, bestaunt, rezensiert, evaluiert die Maschine das Gesehene für ihre Leser: »Indem sie etwas erwähnt, verklärt sie es (und damit auch ihr eigenes Sein) und indem sie verschweigt, spricht sie ihr Urteil.« (Roland Barthes, Die Sprache der Mode, S. 275) Dabei allerdings begrüsst sie freudig schwanzwedelnd vor allem jene Verbesserungsvorschläge, die der neurotischen und irrationalen Frage des modischen Produktes »Bin ich schön?« im bockigen Glauben an eine erweiterte Ästhetik der Zukunft zumindest gelegentlich hinterherruft: »Ja, schön vielleicht! Aber bist du auch nützlich oder wenigstens unterhaltsam – und stapelbar?«

# Fun ist ein Stahlgewitter

DANIEL ERK

Während für eine der drei weltweiten Problemzonen, nämlich den deutschen Osten, vorsichtige Entwarnung zumindest in Sachen Nazismus gegeben werden kann, erreicht uns aus den Vereinigten Staaten ein neuer Trend: Humor unter Nazis. Selbstironie und Satire bei den Glatzen und Gestrigen.

Über ein Onlineversandhaus, das neben dem üblichen »Meine Ehre heisst Treue«- und »White Pride«-Schwachsinn ebenfalls immigrantenfeindliche »Deport Pedro«- und »Border Control«-Shirts verkauft, sind auch recht pittoreske »Happy Hitler«-Girly-Shirts, Waffen-SS-Athletic-Club-Leibchen und »My Boss is an Austrian Painter«-Stossstangenaufkleber zu erwerben – allesamt Produkte, über die der gemeine Titanic-Leser und geistreiche Antifaschist lachen würde, wenn, ja: Wenn man eben nicht wüsste, dass es die Nazis selbst sind, die so in den »semiotischen Krieg« (Umberto Eco) ziehen. Die Subversion schlägt zurück und entstellt eben nicht mehr die Codes der Nazis, sondern die Subversion des humorigen Antifaschismus.

Jan Delay, Hamburger Rapper und Karl-May-Reggaemusiker, wusste da vor Jahren wohl schon mehr, als er in seinem Lied »www.hitler.de« prophetisch sang: »Der böse Mann mit dem kleinen Bart ist noch gar nicht tot […] aber das ist noch gar nicht das Schlimmste, Mann: viel grausamer ist, dass er jetzt auch grinsen kann!«

# DER ALLERLETZTE KAISER

CHRISTIAN Y. SCHMIDT

Dass man in China bisweilen westliche Marken fälscht, ist bekannt. Dass aber die Chinesen bereits mit eigenen, schweren Markengeschützen einen Weltbrandingkrieg eröffnet haben, ist noch kaum in den Westen vorgedrungen. Dabei ist ihnen mit dem Label »Kessar impreore« (gelegentlich auch »impereore« geschrieben) jüngst die Entwicklung einer gefährlichen Markenwunderwaffe gelungen, die noch von sich reden machen wird. Schon der Name signalisiert imperialen Anspruch. »Kessar« – so entnimmt man den chinesischen Schriftzeichen – soll für Kaiser stehen, und »impreore« für Imperator, so dass wir den ganzen Firmennamen als »Kaiser Kaiser« dechiffrieren können.

Eventuell ist die Marke aber auch ein erster, grosser Test, wie viel wir uns gefallen lassen. Das legen die Fotos nahe, die in einer Shopping-Mall im westchinesischen Urumqi die Geschichte der Firma Kessar erzählen. Die freundlich lachenden Herren auf dem ersten Bild sind

▲ **Kessar-»Vorstandsmitglieder«, in der »Firmenzentrale«, in »Rom«.**

▶ **»Gründer 1881: Feilibonuo Kaisa«.**

angeblich Kessars »Vorstandsmitglieder in der Firmenzentrale in Rom, Italien.« Das zweite Foto zeigt Herrn »Fei Li Bo Nuo Kai Sa« (= Filipino Kaiser), der die Firma 1881 gegründet hat, im selben Jahr, in dem auch Nino Ceruttis Vater geboren wurde.

Nun wissen wir zufällig, dass der Mann auf diesem Foto nicht Philipp heisst, sondern Sigmund, und zwar Sigmund Freud. Der gründete 1881 keine Modefirma, sondern promovierte mit dem Thema »Über das Rückenmark niederer Fischarten« zum Doktor der Medizin. Aber wer sind die Herren vom »Vorstand«? Das ist die Frage, die wir an Sie weitergeben wollen. Kopieren Sie diesen Beitrag bitte, zeigen Sie ihn jedem, den Sie kennen, hängen Sie ihn an Bäume und Laternenpfähle und helfen Sie uns, diese Leute dingfest zu machen. Sollte uns das gelingen, dann hätten wir im Weltbrandingkrieg noch eine Chance. Wenn nicht, wird Kessar unser Cannae oder besser: Markenstalingrad.

# Warum und zu welchem Ende tragen wir *Schnürsenkel*?

KATHRIN PASSIG

Als 1991 das Puma Disc System eingeführt wurde, war klar, dass es eine gute Idee war, die schon ziemlich alte Schnürsenkeltechnik durch etwas anderes abzulösen. Dass das Puma Disc System dieses Andere nicht sein würde, war aber mindestens ebenso klar. Fast fünfzehn Jahre nach diesem kurzen Moment der Hoffnung hat sich an der Schuhverschliessungsfront nichts Wesentliches getan – bis auf *Ian's Shoelace Site,* die den beklagenswerten Zustand immerhin dokumentiert und diverse Hacks und Patches für gebräuchliche Schnürsenkelprobleme bietet, und die abgebildeten Speed Laces zum Nachrüsten herkömmlicher Schuhe. Beim Betrachten der Speed Laces stellt sich die Hoffnung, aber auch die Enttäuschung von damals wieder ein: Wer will schon klobige graue Umlenkrollen auf seine Schuhe montieren? Oder noch alberneren Kram?



• **SO GEHT'S**: Laserpointer (ein Hauch von Star Wars)

Über die Kulturtechniken der Oberschicht im 19. Jahrhundert wird vermutet, sie seien vor allem deshalb von so überschiessender Komplexität gewesen, damit die Mittelschichten nicht so mir nichts, dir nichts nach oben gelangen konnten. Vielleicht halten sich die unpraktischen Schnürsenkel aus ähnlichen Gründen so hartnäckig, und vielleicht gibt sich deshalb niemand Mühe bei der Entwicklung von Alternativen: weil wir den daumenlosen Tieren hin und wieder zeigen müssen, dass Mutter Evolution uns lieber hat als sie. Nicht von ungefähr sind Schuhe ja unten angebracht, wo sie auch von kleinen und kleinsten Tieren sehr gut gesehen werden können. Tragen wir unsere Schnürsenkel also so lange mit Stolz, bis jemand hingeht und etwas noch Komplizierteres und Unpraktischeres erfindet.

TEX RUBINOWITZ

# Der Hut

Sozialpiktogramme sind eine diffizile Sache, oft gehen sie ins Auge, weil ihre Gestalter vermutlich weltabgewandte, unsensible Stubenhocker sind. Man erinnert sich an das deutsche Fussgängerschild, ein weisser Mann mit Hut auf blauem Grund hält ein kleines weisses Mädchen mit Minirock an der Hand. Das ging nicht mehr, die Zeit der Aufklärung Anfang der achtziger Jahre des letzten Jahrhunderts verbot es. Männer trugen einfach keine Hüte mehr. Erschütternd auch, wie perfid in England alte Menschen dargestellt bzw gedemütigt werden. Mit etwas anderem als gebeugtem Humpeln kann man dort Greise wohl nicht assoziieren. Aber das beste und gleichzeitig unheimlichste Beispiel sozialer Interaktion ziert manche U-Bahnhöfe in Tokio. Märchenhaft, wie der traumatische Verlust des Hutes und die Bergung desselben durch eine lange Zange scherenschnittartig dargestellt werden. Leider sind die Tage des Schildes gezählt, man findet es kaum noch. In wie vielen japanischen Albträumen mag die grosse lange Zange eine Rolle gespielt haben?

# Intelligent Design

LUKAS IMHOF

Kaum einer, der sich nicht schon über das alte Problem geärgert hätte: Kinder sind nicht rechteckig, und die Evolution macht keinerlei Anstalten, sie endlich in diese Richtung zu entwickeln. Eine Lösung und gleichzeitig ein deutlicher Fingerzeig an die Kreationisten, wie »Intelligent Design« richtig gehen würde, kommt nun mit diesem praktischen Kinderzubehör aus Finnland. Es schafft mehr Freiraum in jeder Wohnung, die Kinder können zum Einschlafen einfach gekippt werden und, wenn sie eingeschlafen sind, im Einbauschrank versorgt werden. Wer mehrere hat, kann sie selbstverständlich auch einfach stapeln. Fast 80 Jahre nach Schütte-Lihotzkys Erfindung der Einbauküche («Frankfurter Küche«, 1926) können nun endlich noch mehr Menschen auf noch weniger Wohnfläche untergebracht werden. Aber lassen wir die Erfinder doch gleich selbst zu Wort kommen: *»muotoil on maailman arkisin asia, sitä on kaikkialla; patalapussa, kypärämyssyssä ja muovikassin kahvoissa. (…) muotoilun vuosi 2005 on tapahtumavuosi, joka tuo muotoilun niin lähelle, että sen taas näkee.«* Dem ist nichts hinzuzufügen.

Man findet dieses nützliche Produkt im Internet auf der Seite finnishdesign.fi/mvetusivu, leider im Untermenü *kampanja*, wo man doch viel lieber in die Untermenüs *tapahtumajärjestäjät*, *tapahtumakalenteri* oder gar *yritiysyhteistö* hineingeschaut hätte. Preise, Bezugsquellen und verfügbare Grössen finden sich ebenfalls dort. Oder auch nicht.

# Ho Chi Minhs Hintern

CHRISTIAN Y. SCHMIDT

Wie stellt man eigentlich den Hintern einer kultisch verehrten politischen Persönlichkeit dar? Die meisten Bildhauer dieser Welt, die man mit dieser Aufgabe betraute, beantworteten die diffizile Frage mit: Am besten gar nicht. Sie lösten das Problem, indem sie ihren Denkmälern einfach Mäntel anzogen, die das Hinterteil der kultisch verehrten Persönlichkeit voll und ganz verbargen.

Nur Lenin durfte manchmal Jacken tragen, doch auch die liessen so etwas wie Pobacken im Faltenwurf verschwinden. Das von Nikolai Tomski geschaffene Lenin-Denkmal am Lenin-Platz in Ostberlin dagegen trug einen langen Mantel. Stalin seiner ist länger. Der Mantel geht ihm bis zu den Füssen, wie das Stalin-Denkmal in seiner Geburtsstadt Gori auch heute noch beweist.

Das grösste Mao-Denkmal Chinas findet sich in Chengdu; Mao steht in einem sorgfältig zugeknöpften Mantel auf dem Sockel, der die Knie bedeckt. Und Kim Il Sung, der grosse Führer Koreas? Die koreanischen Bildhauer zeigen ihn zwar ganz leger und vorne offen. Doch sicherheitshalber hat man ihm zum wehenden Mantel noch eine bis zu den Oberschenkeln reichende Jacke angezogen, die jede Wölbung im Bronzeflanell erstickt.

Nur in Vietnam ist alles anders. Die Skulptur, die vor dem Ho-Chi-Minh-Museum in Ho-Chi-Minh-Stadt steht und den jungen Ho darstellt, trägt ein kurzärmeliges Hemd und eine extrem arschbetonende Hose. Was der Grund für diese gewagte Darstellung sein mag, ist schwer zu sagen. Sie kann dem tropischen Klima geschuldet sein, das läge nahe. Oder sie legt davon Zeugnis ab, dass es sich bei den vietnamesischen Kommunisten um nicht ganz so strenge Puritaner handelt wie anderswo. Aber vielleicht ist es auch so: Onkel Ho hatte eben einfach mal den besten Hintern von allen Ikonen der kommunistischen Weltbewegung, und darauf ist man auch heute noch in Vietnam sehr, sehr stolz.

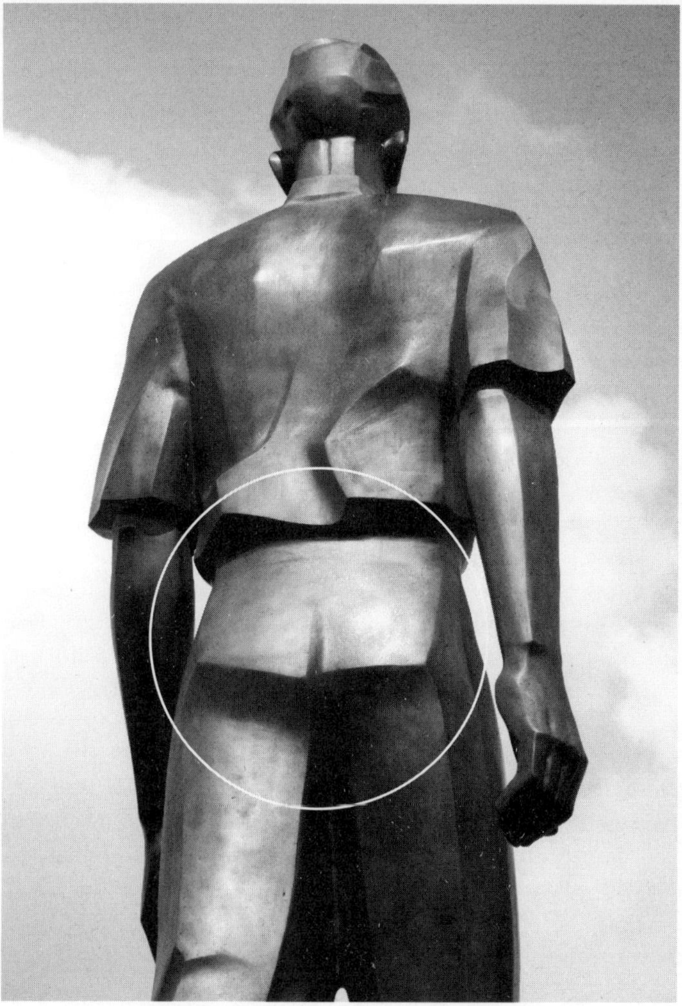

▲ **Das doofe Wortspiel dürfen Sie übrigens jetzt selber machen, falls jemand darauf gewartet haben sollte.**

# 3 Essen *und* Essenzielles

TEX RUBINOWITZ

Es gibt viele Gründe, warum der Mensch, der Igel, die Drossel, auch der Grashalm essen muss. Einer dieser Gründe ist bekanntlich, dass Wärme erzeugt werden muss, damit das Lebewesen nicht einschläft und stirbt, aber auch, um beispielsweise weglaufen zu können, wenn man selbst zur Speise werden soll. Im Laufe der Jahrtausende haben sich allerdings die Gründe für die Nahrungsaufnahme verschoben. Früher war ein Qualitätsmerkmal einer guten Speise, dass sie hart, zäh und nach Möglichkeit nicht irritierend und ablenkend ist, geschmacksmässig hatte sie ereignisarm zu sein, langsam brennendes Zitronengras und labbrige Rucolahalme waren noch nicht gezüchtet, das innere Feuer musste ohne Umwege und schnell zu entfachen sein. Ein Zeichen der Zeit ist, dass je »zivilisierter« die Gesellschaft geworden ist, desto weicher auch ihre Speisen werden, das Essen darf keinen Widerstand mehr leisten, es muss nachgeben, Zähne werden zu Zuschauern degradiert, auf denen ein zartes Pflänzchen namens Plaque gedeiht. Ein gutes Beispiel sind Tofuburger, Brie und Bananen, weiche Kost für weiche Bürger, Futter, das keinen Ärger macht und die Menschen einlullt, statt sie mit sich ringen zu lassen. Heute muss man nicht mehr weglaufen, man kann länger liegen bleiben und die Wärme kommt per Knopfdruck aus irgendwelchen Schiebern und Rillen aus der Wand. Das Ganze ist natürlich klarerweise schon eine Vorbereitung auf unser in der nächsten Generation geplantes Leben im schwerelosen Raum, wo es gar nichts anderes geben kann als Tubennahrung, der knusprige Kartoffelpuffer flöge vom Teller und würde im hohen Bogen aus dem Fenster segeln wie eine amerikanische Wurfscheibe. Das sind alles klar nachzuvollziehende evolutionäre Schritte. Der Urgrund des Essens ist rudimentär, aber immer noch vorhanden und der gleiche geblieben.

Keinen Grund gibt es allerdings, warum der Mensch diese Tätigkeit in der Öffentlichkeit, gerne in, wie er es nennt, geselliger Runde erledigt. Und damit ist er paradoxerweise alleine, allenfalls die Made hat einen ähnlichen Drang, eine vergleichbare Schrulle. Es scheint, als ässe der Mensch in erster Linie, um nicht alleine zu sein. Selbst der dem Menschen nächste Verwandte, der Hund, zieht sich mit seinem Knochen für diesen viel zu intimen Akt zurück, hinter eine dunkle Hausmauer oder in seinen Stall. Er weiss, ein Restverstand sagt es ihm, er entwürdigt sich bei dieser Tätigkeit, mahlt, mampft, grimassiert würgend, während er mit einer Tatze eine Knochenfaser aus der Backenzahnleiste zu nesteln versucht. Dem Menschen ist das einerlei, er merkt nicht, dass sich der Vorgang des Essens in nichts von dem unterscheidet, was am anderen Ende des Metabolismusses vonstatten geht. Deshalb denkt er sich immer raffiniertere Speisen aus, die natürlich vor Publikum kommentiert werden müssen, ganz klar eine Alibiveranstaltung, schlecht kaschierte Flucht aus der Isolation. Die noch perversere Steigerung ist, Essen zur Kunst zu erklären, Teller mit Essensresten zu konservieren und auszustellen, anstatt sie abzuwaschen, Speisen unter Zuhilfenahme von Stickstoff, Sprühsahne und Laserkanonen in ihre Moleküle zu zerlegen, um sie anschliessend zu neuen Gebilden zu formen. Eine Olive ist plötzlich ein Popcorn mit Geschmack nach Sardellen und Himbeeren, das Ganze wird mit Kresseschaum bei der Documenta in Kassel ausgestellt. Während ein hungriger Hund um die Prunkbauten schnürt und auf einem Pizza-Pappkarton kaut.

Das Riesenmaschineministerium »Essen und Essenzielles« hat das schon lange beobachtet und voller Bedauern festgestellt, dass diese verhängnisvollen Trends alles andere als lebensessenziell geworden sind, bedauernswerterweise, wiewohl Essen doch so schön sein kann und auch sollte, ein Knäckebrot mit einer Scheibe Tilsiter, eine schöne geräucherte Makrele, das schmalzgebackene Hühnerbein, ein Kartoffelbovist, die einfache Sauerkirsche: lauter kleine nostalgische Fluchten zurück in die Essessenz, die im folgenden Kapitel beleuchtet werden sollen. Die Tube kann warten.

# Zweifelderwirtschaft

▲ Ketchup mit Hartkäse, so what?

Ein grosser Produkttrend des ausgehenden 20. Jahrhunderts war Two-in-One. Er beschränkte sich vermutlich aus Gründen fehlenden Know-hows auf die Verschmelzung zweier Produkte, von denen eins überflüssig und damit in der Wirkung unüberprüfbar war, wie Shampoo und Conditioner.

Anfang des neuen Jahrtausends erlebte die Konsumwelt einen famosen Scheinhöhepunkt durch Geschirrspültabs mit drei Phasen – drei gefühlte Produkte in einem, wo vorher nur ein Produkt in einem notwendig war. Da soll noch mal jemand sagen, Marketing würde den Verbrauchern nichts bringen.

*Das Lobosche Gesetz besagt, dass sich alle 18 Monate die Anzahl der gerade noch beeindruckend vielen Phasen verdoppelt.*

Inzwischen hat man das Two-in-One-Konzept aufgebohrt und auch auf Lebensmittel angewandt. Jüngstes Beispiel der Firma Werder ist ein Ketchup mit schon Parmesan drauf bzw. drin. Eine Entwicklungsrichtung, an der sich die Lebensmittelgestalter – früher sagte man Fooddesigner – mal ein Beispiel nehmen sollten. Der Markt bietet noch Raum für so viel Fehlendes: Bier mit Kartoffelchips drin, Löffel mit schon Essen drauf, und wirklich schon fertige Fertiggerichte könnten eigentlich auch mal erfunden werden.

# Die Eismeister

TEX RUBINOWITZ

Wie müssen sie leiden, die Jungs und Mädels in der Produktentwicklung von Unilever/Magnum, dass ihnen als Gipfel des Luxus nichts anderes einfällt als ihre klobigen Eislutscher, die in erster Linie aus aus Rindernasen gewonnenem Fett und Zucker bestehen und in flüssigen Stickstoff getaucht werden müssen, damit sie beim Abbeissen knacken – als einziges Feature. Wie müssen die japanischen Eisentwickler angesichts dieser Tristesse lachen, denn mit solch vulgären Fettlutschern kann man dort keinen mehr hinterm Ofen hervorlocken. Die Palette der angebotenen Sensationen reicht in der vegetarischen Abteilung vom Kartoffel-, Knoblauch- und Salateis über das Tinteneis, Seideneis, Meerwassereis und kittfarbene Kohleeis bis zum Waleis und dem unschlagbaren Rohen Pferdefleischeis. Hey, wenn man so was hier ins Kühlregal stellt, wird man verhaftet! Und damit nicht genug, sie machen selbst aus Matratzen Eis, und das Eis namens Finland ist mit Xylitol versehen, einem im Blumenkohl und in Birken vorkommenden Süssstoff, der die Anfälligkeit für Mittelohrentzündungen bei Kindern verringert und die 100%ige Kariesreduktion möglich macht. Der Sommer kann kommen. Aber bitte nicht mit Magnum, Freunde.

• **SO NICHT**: Bibergeil (in Wirklichkeit ungeil)

TEX RUBINOWITZ

# Zapft die Bäume,
## *bevor sie bitter werden*

Jetzt, bei der allenorts einsetzenden Schneeschmelze, kann man sich auch wieder weg von den Konserven und Tiefkühlprodukten hin zu frischen Lebensmitteln wenden. Freilich ist die Kartoffel noch nicht ausgebracht und die leckere Pflaume noch nicht mal geknospt, geschweige denn bestäubt, aber aus dem Boden lugen bereits erste essbare Boten des Frühlings, z.B. die Gyromitra esculenta, die prächtige Frühjahrslorchel, ein in Finnland hochgeschätzer Speisepilz. Niemand lässt sich dort von der Tatsache abschrecken, dass sie roh tödlich giftig ist, sie nennen sie liebevoll Korvasieni, d.h. Ohrenpilz, obwohl sie ja eher einem Magen ähnelt, man findet sie auf den Speisekarten jedes besseren Restaurants, der Ohrenpilz ist der Fugu Finnlands.

Bevor er zubereitet wird, sollte er jedoch ausgiebig gekocht werden, und zwar in einer gut gelüfteten Küche, denn die Dämpfe sind giftig. Zur Lorchelratatouille reichen Sie bitte landestypisch frischen Birkensaft. Auch der wird jetzt, sobald Eis und Schnee abtauen und der Saft wieder in die Bäume schiesst, gewonnen. Birkenwaldbesitzer sieht man jetzt häufiger mit dem Stethoskop ihre Bäume abhören, ob der Saft nach oben steigt, damit er gemolken werden kann. Susanna und Anto Maaranen zapfen mittlerweile im grossen Stil, und ihr Hain ist durchzogen von einem Netz aus Schläuchen und Auffangkanistern. Dafür haben sie nur drei bis fünf Wochen Zeit, denn danach wird der Saft zu ungeniessbarem bitteren Harz, noch bitterer als die bitteren Tränen der Petra von Kant, die auch schon mal billiger waren.

IRA STRÜBEL

# Kochen mit Fett

Der Engländer hat es nicht leicht: Schon seine Währung heisst so, als ergäben zwei davon ein Kilo – und seine Jugend wird auch immer fetter. Und als wäre das alles nicht bereits empörend genug, bleibt dem verstörten Nachwuchs seit September 2006 nicht einmal das gewohnt ungesunde Schulkantinenessen. Denn in den Mensen müssen seither täglich zwei Einheiten Frisches und Gesundes an jedes Kind verfüttert werden – sehr zum Leidwesen der schweren englischen Jugend, die offensichtlich bislang direkt nach dem Abstillen auf Kartoffelchips umgewöhnt wurde.

*»Not less than two portions of fruit and vegetables should be available per day per child.« (The School Food Trust)*

*»Over 9 billion packs of crisps, snacks & nuts are eaten every year, equating to 150 bags per person per year«. (BBC)*

◀ **Mens sana in corpore sano, das merkt man gleich.**

Besorgte Mütter in Rawmarsh, South Yorkshire griffen angesichts solch massiver Regierungsgrausamkeit zur Selbsthilfe, um ihre leidenden Kinder mit den Qualen des Entzugs nicht ganz alleine zu lassen. So verkauften die von der Presse als »meat pie mums« bezeichneten an die durch erhöhte Vitaminzufuhr und Ballaststofffolter bereits völlig ausgezehrten Schüler über den Schulhofzaun hinweg Hamburger, Fritten und Sandwiches. Schon nach kurzer Zeit allerdings bauten sie, wohl ob medialer Schmähungen, ihren mobilen Schulhofimbiss wieder ab. Vermutlich nur ein taktisches Intermezzo, um sich in der Illegalität neu aufzustellen und danach mit Tonnen von Biskinriegeln, Salzlecksteinen und in Groll frittiertem Mutterkuchen zurückzukehren, und den school meal fascists endgültig zu zeigen, was eine knusprig gebratene Harke ist.

*In der Auseinandersetzung wurden die Vitaminhasser gegenüber Initiator Jamie Oliver und seinen Verbündeten schon mal grob.*

# Pilzpolemik

SASCHA LOBO

▼ Shiitake.

Pilze sind auch nur Menschen und teilen sich als solche in Gewinner und Verlierer. Besonders deutlich erkennt man das an zwei Musterbeispielen, Shiitake und Mu Err. Beide haben ursprünglich fast identische Ausgangsbedingungen, sie sind asiatischküchige Pilze, die unter Kennern für ihr pilziges Aroma gelobt werden. Beide wachsen an Bäumen.

Der Shiitakepilz aber ist ein cooler Selbstdarsteller, der schnell die Regeln des europäischen Marketing durchschaut und seinen Namen klug gewählt hat. Denn ein japanischer Klang im Namen garantiert fast automatisch die Zuordnung zum Premiumsegment eines Konsumguts, Sushi, Muji und Issey Miyake haben es vorgemacht. Der Mu-Err-Pilz dagegen verschaffte sich offenbar ohne Kenntnis der speziellen Geschichte Deutschlands hier zunächst unter dem äusserst ungeschickten Namen »Judasohr« Marktgehör. Als über diese Namenswahl Gras gewachsen war, entschied man sich bei Mu Errs, den chinesischen Namen Mu Err (dt. Holzohr) auch auf dem mitteleuropäischen Markt beizubehalten. Ein fataler Fehler, denn inzwischen war der unfassbar

Mu Err. ▲

widerwärtig schmeckende Schlankheitstee Pu Err in den begrenzten Markt der mit »-u Err« endenden Produkte eingedrungen und beherrschte diesen. Negativer Image- und damit Geschmackstransfer blieb nicht aus.

Auch die Gestaltung des eigentlichen Pilzes gelang Shiitake hervorragend. Viel pilzhafter als ein einzelner Shiitake kann pilz nicht aussehen; die zugkräftige Nahrungsmittelexotik sei im Namen ausreichend transportiert, fand man im Hause Shiitake zu Recht. Wie sehr stösst einem dagegen die ausgesprochene Durchfallhaftigkeit des Mu-Err-Pilzes auf, nein, appetitanregendes Fooddesign ist im Hause Mu Err ein Fremdwort. Und so ist der Markt klar aufgeteilt. Shiitake, der sich geschickterweise in Asien als »Heilpilz« verehren lässt, ist für 9,00 Euro je 100 Gramm zu haben, Mu Err nimmt 9,50 Euro – für 500 Gramm.

Und das, obwohl Mu Err letztlich eine wesentlich breitere Marktdurchdringung und damit Nachfrage vorweisen kann. Denn der undefinierbare Glibber, der sich in wirklich jedem chinesischem Billiggericht findet – genau das ist Freund Mu Err.

KATHRIN PASSIG

# Single Cola, Single Cask

Seit Jahren fragten wir uns ratlos: Was kommt nach der Sinnlosen Ölverfeinerungs-Welle, der Sinnlosen Essigverfeinerungs-Welle und zuletzt der Sinnlosen Salzverfeinerungs-Welle? Was kann jetzt noch kommen? Sinnlose Seifenverfeinerung? Gibt es schon. Mehl? Sand? Na gut, Sand ist ein aussichtsreicher Kandidat; im Moment deuten aber gewisse Indizien darauf hin, dass wir uns der Ära der Sinnlosen Limonadenverfeinerung nähern. Mag sein, dass Spezi immer schon »kaltgepresstes Mandarinenöl«, »feinen Orangenblütenextrakt« und »viele kleine Geschmacksgeheimnisse« enthalten hat anstelle schnöden Limonadengrundstoffs. Dass man die Mittelpremiumlimonaden Bionade und Club Mate mittlerweile zumindest in Berlin auch an der Pommesbude kaufen kann und sich in manchen Bars bei der Cola-Bestellung zwischen Standard, Afri und Fritz entscheiden muss, bedeutet vielleicht auch noch gar nichts. Und dass Apollinaris/Schweppes seit 2003 Deutschland mit Orangina, Orangina Rouge und immerhin fünf der über 30 Snapple-Luxus-Eistee-Sorten beliefert, muss nicht heissen, dass schon nächstes Jahr im ganzen Land holzgetäfelte Brauseboutiquen eröffnet werden, in denen man 18-Euro-Limonaden verkosten kann. Schon möglich, dass Jahrgangslimonaden, Abfüllregionskennerschaft, subtil abgestufte Kohlensäuregehalte, nach Herkunftsland getrennte Regale und mundgeblasene Geschenkflakons noch bis nächstes Jahr auf sich warten lassen werden. Die Diskussionen, ob Limonadenmixgetränke in der Flasche gemeinsam reifen müssen oder besser erst beim Endverbraucher sorgfältig zusammengegossen werden (niemals auf Eis!) üben wir aber lieber schon mal, nur für alle Fälle.

SASCHA LOBO

# Brot für die Brut

▲ **Als Krustenliebhaber muss man sich vor allem gegenüber Kindern als Brotrandrandgruppe fühlen.**

Nachdem brotlose Kunst ja schon länger out ist, gerät nun auch kunstloses Brot ins Hintertreffen. Wie wir erfahren müssen, besteht die Kunst der englischen Bäckerei Hovis in einer Methode, Brot vollkommen ohne Kruste zu backen. Sie nennen es »Invisible Crust« und hoffen, weltweit mit der Kruste auf Kriegsfuss stehende Kinder zu ködern. Und vor allem deren Eltern, die endlich den letzten handgemachten, durch den Magen gehenden Liebesbeweis auch kaufen können. Doch kein Trend kann so abseitig sein, als dass er keinen Gegentrend provozieren würde; schon stehen Kleinbäckereien in den Startlöchern und bieten Brote mit extra viel Kruste an. Die weitere Entwicklung ist vorauszusehen. Es werden Brote geschaffen werden, die nur noch aus Kruste bestehen, daneben koexistiert unfriedlich die Anhängerschaft des erwähnten krustenlosen Brots, eventuell werden kontinentale Krustenkonflikte heraufbeschworen, Bäckerdynastien brotal ausgelöscht, Brotkriege geführt, bis dereinst ein findiges Unternehmen auf die Idee kommen wird, ein 2-in-1-Brot anzubieten – mit Kruste und Brotinnerem in *einem* Produkt!

*Dieses Produkt können Sie in bestimmten Ge-gen-den in England kaufen, aber überall woanders selbst herstellen.*

• **SO NICHT**: Dolomiten-Krieg (zu mühsam)

MICHAEL BRAKE

# Die Vermessung der Suppe

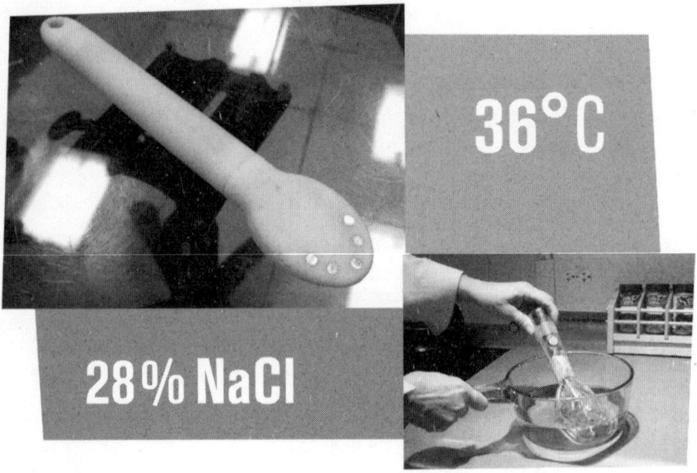


Was haben die Leute damals gelacht, als die ersten Uhren erfunden wurden. So ein Unsinn, sagten sie, wofür brauchen wir denn komische Dinge wie Minuten, wenn wir die Zeit mit »so abends etwa« und »wenn die Sonne von meinem Haus gesehen über dem Baum steht« umschreiben können? Die Uhrenerfinder gingen anschliessend geknickt nach Hause.

Doch siehe da: Heute bestimmen Uhren unser Leben bis in den Millisekundenbereich und die Spötter von damals sind inzwischen alle tot. Deswegen schreiben wir lieber nichts Schlechtes über die Idee des Intelligent Spoon. In ein paar hundert Jahren sagt nämlich sicher niemand mehr: »Ich hätte jetzt gern eine warme kräftige Suppe mit einem Schuss Zitrone«, sondern ganz selbstverständlich: »Ich hätte jetzt gern eine Suppe, 46° Celsius, Salzgehalt 6 Prozent, Säuregehalt 3 Prozent, Viskosität 7. Danke.« Bis dahin gibt es den Intelligent Spoon analog zur Uhrenentwicklung dann sicherlich auch mit Digitalanzeige.

SASCHA LOBO

# Einen im Tee

▲ **Wodka Grüner Tee spielt seine Stärken eher konzeptionell aus als geschmacklich.**

Fallhöhen, kontrastive Elemente, Gegensätze – die besten Hausmittel, um etwas Langweiliges spannend zu machen. Beispiele: im Smoking skaten, Kartoffeln mit Nutella, als Herr auch mal auf die Damentoilette gehen. Gleichzeitig halten solche Aktionen geistig jung und beugen der sogenannten CSUisierung vor. Ein vorgefertigtes Musterbeispiel trinkbarer Flexibilität leuchtet uns aus den Vereinigten Staaten von Amerika entgegen: Wodka Geschmacksrichtung »Grüner Tee« der ansonsten verhaltensunauffälligen Firma Charbay. Man hat dort also die beiden Getränke an den äussersten Polen der Skala vereint. Auf der einen Seite ein vermutlich gefährliches Gebräu, das allzuvielen Menschen zur starren, suchtähnlichen Gewohnheit geworden ist, auf der anderen Seite Wodka. Als bedingungslose Förderer des Neuen, Ungewohnten, Bizarren begrüssen wir diese russisch-japanische Getränkemischehe mit einem freundlichen »Hurra«. Auch wenn sie vermutlich ekelerregend schmeckt.

*Zum Beispiel Ihr Leben.*

*Wodka müsste eigentlich Vodka geschrieben werden, das V als Anfangsbuchstabe wird der desinfektionsmittelartigen Schärfe viel gerechter.*

# 4 Alles wird besser

SASCHA LOBO

Das Leben ist eine endlose Kette von gefühlten und tatsächlichen Zumutungen. Bei seiner Geburt ist der Mensch hilflos, dumm und stinkt. Durchschnittskindheiten pendeln zwischen Belanglosigkeit und Desaster. Für Pubertät und Jugend schämen sich die meisten Menschen später zu Recht. Die Adoleszenz ist das Epizentrum des eigenen Versagens und sendet seismische Wellen der Unzulänglichkeit bis ins hohe Alter. Die Midlife-Crisis sollte wegen ihrer Dauer Halflife-Crisis heissen. Sie mündet ins torschlusspanische Rentenalter, gefolgt vom Greisentum; der Mensch ist nun hilflos, dement und stinkt.

Vor diesem erbärmlichen Hintergrund muss man die eigenen Gefühle korrekt einordnen: Sie werden noch stets bestimmt vom Ekel vor dem eigenen Verfall und damit der Angst vor der Zukunft. Leider sind diese Gefühle vollkommen falsch entwickelte Bewältigungsprodukte. Sowohl Ekel als auch Angst, beide verantwortlich für über 90 Prozent aller Schlechtfinderei weltweit, sind in ihrer Chronologik defekt. Sie entstehen aus der Vergangenheit, beziehen sich aber irrationalerweise auf die Zukunft (die nichts dafür kann!) und versauen einem frech die Gegenwart, indem sie sie in den grausten Tönen ausmalen. Dieser rational betrachtet widersinnige Mechanismus, die Gefühle gegenüber der unschuldigen Zukunft unter der verbockten Vergangenheit leiden zu lassen, bestimmt das kranke Hirn der Pessimisten und Schwarzmaler. Erschwerend kommt hinzu, dass unser Gehirn nichts anderes ist als ein Verklärwerk: Die Erinnerung ist eine Art innerer Holocaustleugner, der ständig ungerechtfertigt die Vergangenheit hochleben lässt, und sollte schon deshalb endlich verdammt werden.

Aber was setzt der geneigte Zukunftsgläubige dem vergangenheitsbesessenen Miesepeter entgegen? Woher nimmt er die Energie, die tausend vertrockneten Klagekraken abzuschütteln, die ihn in einem fort nach unten ziehen wollen? 1933 schreibt Jorge Luis Borges in der Literaturzeitschrift Sur in seinem Essay *El Sueño* über die Vermischung von Traum und Realität: »Ich schöpfe jeden Tag Kraft aus meiner Vision einer besseren Welt. Die Vision feit ihren Jünger.«

Deshalb hat die Riesenmaschine eine in allen Farben schillernde Vision: Zukunft durch Fortschritt, Fortschritt durch Zukunft. Das gibt der Maschine ihr Drehmoment und treibt sie an, jeden Tag, bis in alle Ewigkeit, mindestens aber bis zum 31. Dezember 2007. Der Glaube an den goldenen Fortschritt beruht auf der Überzeugung, dass alles besser wird. Die einleuchtende Erklärung: früher war alles schlechter. Früher war eine grössere Anzahl hochgiftiger oder anderweitig gefährlicher Tiere (Tyrannosaurus) noch am Leben. Früher war die Welt komplett schwarzweiss und vor früher sogar sepiaweiss, wie das aufmerksame Studium der einschlägigen Archive zeigt. Dazu waren die Menschen dümmer und motorisch wie intellektuell überfordert, wie sonst hätten ruckelige Stummfilme derart erfolgreich sein können. Früher waren viele Leute, die man heute kennt und schätzt, noch gar nicht geboren oder naiv. Früher musste man eine Wohnung anrufen, wenn man mit einem Menschen sprechen wollte. Früher gab es noch kein Internet, und als sich die Vergangenheit dann doch endlich dazu aufraffen konnte, das Internet zu erfinden, war es lange unzumutbar langsam und hatte kaum glitzernde Features. Alle diese Nachteile hat niemand anderes als die Zukunft im Alleingang behoben und sie arbeitet weiter an Lösungen für alle noch bestehenden Probleme (ab morgen).

In der französischen Synchronfassung von »Zurück in die Zukunft II« sagt Michael J. Fox: »Wir müssen zurück in die Zukunft.« Auch wenn der ursprüngliche Wortwitz durch die Mehrfachübersetzung verlorengeht, steht vollkommen ausser Frage: Die Gesellschaft muss ihren Glauben an die Zukunft zurückgewinnen, wir müssen die Begeisterung für das Kommende wiederfinden. Und es ist ganz leicht, denn alles wird besser. Vielleicht sogar gut.

# Alles hat zwölf Enden

**Megaloceros in seinem ▲ natürlichen Lebensraum**

Man mag sich über die Evolution lustig machen, die offenbar am siebten Schöpfungstag feststellte: Hoppla! Hier ist ja noch ein ganzer Sack Hörner! Aber man muss ihr zugutehalten, dass es sich bei der Geweihproliferation um eine ganz normale Phase jeder Produktgenese handelt, vgl. etwa die Auswüchse der frühen Handys, Fernseher und Schiffe. Später, wenn sich die Lage ein wenig beruhigt hat, merkt man dann, dass es auch ohne Hörner ganz gut geht bzw. ein leicht unter der Kleidung zu verbergendes Arschgeweih ausreicht. Natürlich bekommt man damit im Museum nicht mehr die besten Plätze ab. Aber Evolution ist eben kein Wunschkonzert.

*Siehe Wasserreh, Moschustier.*

# Stählerner Stahl (Stahl)

ALEKS SCHOLZ

Stahl ist eindeutig das beste aller Metalle. Zum einen klingt das Wort Stahl genauso, wie Stahl klingen muss – kein anderes Ding kann von sich behaupten, seinen eigenen Namen (»Stahl«) als Namen zu tragen (abgesehen vielleicht von »Schrank«). Zum anderen ist Stahl derart elementar und systematisch, dass es noch nichtmal im Periodensystem der Elemente steht, diesem chemofaschistischen Blendwerk aus Zucht und Ordnung.

*Vollkommen falsch dargestellt. Es handelt sich, wie jeder weiss, um eine Legierung.*

Flugzeuge bestehen heute zwar aus Plastik, was verstehen soll, wer kann, geraten dabei aber derart schwer, dass man wiederum Fahrzeuge aus Stahl benötigt, gewaltige Mengen Stahl, um sie vom Fleck zu kriegen (ohne gleich loszufliegen). Den Airbus A380 und andere bis zu 600 Tonnen schwere Schwerbehinderte beispielsweise fährt ein massives, aber agiles Stahlding namens AST-1 X über die Flughäfen, das die Firma Goldhofer für vermutlich grössere Mengen Geld zur Verfügung stellt. Kaum möglich erscheint es dem modernen Menschen, den AST-1 X anzusehen, ohne in unbekümmerte Verzückung auszubrechen.

*Nachzulesen in der Werbepublikation »Faszination Stahl« des Stahl-Informationszentrums.*

Und auch wenn jetzt schon zehnmal das Wort Stahl gefallen ist, man möchte gar nicht mehr damit aufhören, so ist es keinesfalls »stählerne Romantik«, die das »originäre Kennzeichen« unserer Befindlichkeit ist, wie es Goebbels 1939 für die Reichsdeutschen feststellte. Im Gegenteil handelt es sich um die vollkommen unromantische Dämmerung (und zwar Morgen-) des gerade brandneu ausgedachten Postdematerialismus mit seinem stählernen Antlitz. Stahl, Stahl, Stahl, es fühlt sich an, als würde man ein glänzendes, massives Schwert aus Stahl verschlucken.

*Zitiert aus Frank Hrachrovy, »Stählerne Romantik", 2005.*

SASCHA LOBO

# Im Zeitalter der PUTZ-GUERILLA

»Wie Sie sehen, sehen Sie nichts.« Wer ist damals nicht von seinem schlecht rasierten Physiklehrer mit diesem unterirdischen Spruch gelangweilt worden? Diesmal ist es aber tatsächlich nichts, das wir hier sehen, und zwar umrandet von Schmutz. Zur WM-Werbekampagne »+10« hatte Adidas am Radisson Hotel in Hamburg zwei Riesenriesenplakate aufhängen lassen, mit den Motiven Podolski und Ballack. Gross allein reicht heute nicht mehr, es muss auch cool sein, und so dachte man sich Guerilla-Kommunikation aus.

*Platonische Frage, bitte nicht antworten.*

Offiziell spielt Guerilla-Kommunikation mit semiotischen Überraschungsmustern, inoffiziell wird in Werbeagenturen alles so genannt, was nicht so recht messbar, aber dem Kunden gut zu verkaufen ist, weil es »irgendwie rockt« oder schon mal auf MTV war. Oft genug sind auch teillegale Aktivitäten darunter, wie eine Flut von Aufklebern über die Stadt zu verteilen oder

*Vergleiche Umberto Eco, »semiotische Guerilla-Kriegsführung«.*

▲ Die richtige Verteilung des Nichts ist entscheidend.

per Schablone Botschaften überall hinzusprühen. Doof nur, dass Markenkommunikation einen Absender braucht, der kein 17-jähriger anonymer Sprüher ist, sondern eine leicht auffindbare Firma mit 17 Milliarden Euro Umsatz, der man entsprechend 17 Milliarden Mal weniger verzeiht, Wände besprüht zu haben.

Sehr, sehr smart ist da die Idee, seine Guerilla-Kommunikate nicht aufzusprühen, sondern sie aufzusäubern. Auf dem Bild zu sehen: die an den richtigen Stellen gesäuberte, schmutzige Mauer rund um das Radisson-Hotel. Das bedeutet nichts weniger, als dass ein neues Graffiti-Zeitalter hereinbricht. Putzgruppen werden in der Stadt umherziehen und Schriftzüge mit Schablonen in die Fassaden putzen, Putzguerilla wird man sie nennen, vielleicht, und die Polizei wird machtlos danebenstehen müssen, während die Jugend mit Chlorix und Meister Proper Antimoos ihren gefühlten Outlawtätigkeiten nachgeht! Es wird so toll!

*Ist natürlich nicht so, aber so sollte es eigentlich sein.*

*Wie früher!*

# Hitherto Unobserved

KAI SCHREIBER

Als Charles Wheatstone im Jahr 1838 der Royal Society in London sein frisch erfundenes Stereoskop vorstellte, überschrieb er seinen Aufsatz mit »On some remarkable, and hitherto unobserved, phænomena of binocular vision«. Man muss sich zwar ein wenig wundern, dass es Jahrtausende dauerte, bis mal jemandem auffiel, dass die Welt entschieden anders aussieht, wenn man mal ein Auge zudrückt; aber kaum war die Beobachtung gemacht, schon sprossen überall ulkige Stereofotos aus den Journalen. Bäume, Häuser, nackte Menschen, den Bildern waren plötzlich keine Grenzen mehr gesetzt.

Hundert Jahre länger dann dauerte es, bis jemandem auffiel, dass der Mensch nicht nur zwei Augen, sondern ja auch zwei Ohren hat und dieses Stereoding also womöglich auch mit Geräuschen klappt. Um 1940 stellte Western Electric die erste Stereoanlage vor. Endlich konnte man hören, dass das Triangel neben der Pauke sitzt und ob der Bassist links oder rechts vom Gitarristen steht. Unendlicher Hörgenuss!

rechts

Weitere siebzig Jahre später ist heute, und wieder steht ein Durchbruch auf der Tagesordnung. Wissenschaftlern ist aufgefallen, dass die meisten Menschen nicht nur zwei Augen und Ohren, sondern auch zwei Nasenlöcher haben. Heutzutage piesackt man Ratten, wenn man was über Menschen wissen will, und voilà: Ratten riechen Stereo. Noch duftet die Nachricht wie ein frischgepflückter Blumenstrauss, aber man darf sicher sein, dass in finsteren Produktdesignerkellern längst Schimpansenhorden an Weinen mit Stereobouquet arbeiten, und an Stereoparfümen in originellen Flakons.

*So steht es in der Zeitschrift Science, im Februar 2006. Also stimmt es.*

Die nächste Durchbruchsmeldung, »Mann mit gespaltener Zunge schmeckt Stereo«, versteht man erst, wenn in ein paar Jahrzehnten der richtungsschmeckende Komodowaran die Ratte als Versuchskarnickel abgelöst hat. Geduld.

*Das Tier mit dem Mundgeruch hat eine gespaltene Zunge und kann schmecken, wo wir stehen. Das Monster.*

# Blitzerhacking

Einer der unbestreitbar grössten Vorteile der Werbung ist, dass sie Menschen die Chance auf eine hochbezahlte Arbeitsstelle gibt, die früher wegen ihrer wirren Ideen auf dem Scheiterhaufen gescheitert wären. Der Alltag dieser Kreativen ist genau, wie man ihn sich vorstellt – drogendurchsetzt, übersexualisiert, kalauerdurchwirkt, geprägt von Beschäftigungssurrogaten: Chat, eBay, Riesenmaschine. Ungekämmte, lebensuntüchtige Verpeiler tun im Schnitt 80 Stunden die Woche, als seien sie kurz vor dem Durchbruch zur endgültigen, absoluten, weltverändernden Über-Idee und versuchen dabei, neue Minesweeper-Rekorde aufzustellen, bevor sie ab 16.00 Uhr endlich offiziell im Büro Alkohol trinken dürfen. Das Geheimnis, weshalb diese Kreativen noch immer ihren hochbezahlten Jobs nachgehen dürfen, liegt in der Tatsache, dass ihnen ab und an eine wirklich sehr supere Idee gelingt. Warum weiss niemand, aber einen Gott scheint es nicht zu geben, denn welches denkende Wesen würde so was zulassen?

*»Bier ab vier.«*

Anbei dokumentieren wir eine verhältnismässig geniale Werbeidee von der Sorte »warum ist mir das nicht eingefallen«, der höchsten Stufe direkt vor »ganz okay, kann man so machen«. Sie entstand in der Agentur Scholz & Friends und ist ärgerlicherweise wirklich verdammt gut. Personen von herausgeforderter Verständnisdynamik sei noch einmal kurz erklärt, was hier vor sich geht. Ein mobiles Plakat der Firma Fixfoto wird so auf der Strasse aufgestellt, dass es auf dem Foto zu sehen ist, wenn Autofahrer geblitzt werden. Das Foto wird dem Verkehrssünder im Amtsbrief zugeschickt und dürfte so die einzige Werbesendung mit 100% Zustellquote sein. Natürlich wird niemals auch nur einer der stocksauren Brieföffnenden auch nur ein halbes Foto bei Fixfoto für 4,5 Cent erwerben. Aber die Idee, die ist verdammt gut. Fuck.

*Kreative sind unfassbar neiderfüllt, was Ideen angeht.*

075 km/h h min s Dat. Code Foto SP-Lim. TRAFFIPAX
075 km/h 10.30.20 17.11.04 055 X02 0009 050 km/h L2 TPP-S
GÜNSTIGERE FOTOS
0,09€
WWW.FIXFOTO.DE

068 km/h h min s Dat. Code Foto SP-Lim. TRAFFIPAX
068 km/h 12.57.31 17.11.04 2X0 003 0052 050 km/h L2 TPP-S
CHEAPER PHOTOS
0,09€
WWW.FIXFOTO.DE
B PM 6289

# Selbstversuche

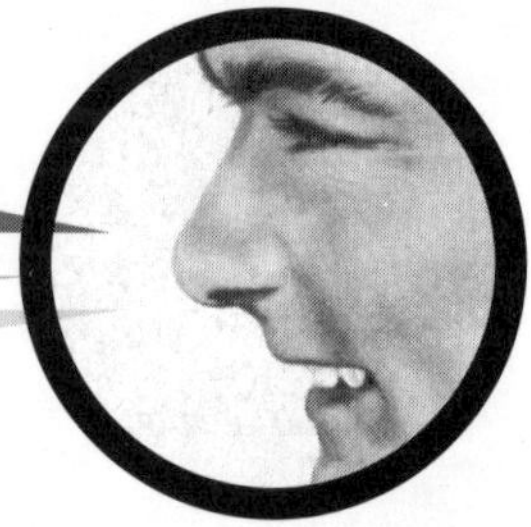

ALEKS SCHOLZ

Als Egomane neigt man zu der Annahme, dass man ohnehin alles besser selbst und alleine erledigt. Leider scheitert diese Art Selbstversorgung bei vielen Dingen, die mit dem eigenen Körper zu tun haben, immer wieder an allen möglichen physiologischen Schwierigkeiten, und man muss unzuverlässiges und teures Personal anstellen. Mangelnde Biegsamkeit der Wirbelsäule, was jetzt wohl ungefähr jeder Zweite anführen würde, ist dabei gar nicht so das grösste Problem, viel wichtiger zum Beispiel: Warum kann man sich nicht selbst kitzeln? Den Blinddarm rausnehmen? Sich selbst die Prostata punktieren? Das Kopfhaar lausen? Und wieso bitte kann man sich nicht selbst riechen?

Zumindest für das letzte Problem gibt es seit Oktober 2005 eine Art Notlösung, natürlich aus Japan. Herr Mitsubayashi und Kollegen haben dort einen bioelektronischen Sensor vorgestellt, der den eigenen Mundgeruch auf drei Stellen hinter dem Komma misst. Das kleine Ding reagiert auf ein bestimmtes übelriechendes Molekül, und zwar doppelt so gut wie dieser hässliche menschliche Moleküldetektor da mitten im Gesicht (siehe Bild). Und wie oft hat man sich schon gewünscht, die üblicherweise schwammigen Auskünfte des eigenen Hirns (»riecht aber streng hier«) in konkreten Zahlen mitzuteilen (»stinkt exakt 6.031 hier«)? Ein wichtiger Schritt zur Entmachtung von Körperorganen also, hin zu einem ätherischen, digitalen, autonomen und vollverkabelten Ich, für das man dann nur noch das richtige Akkuladegerät braucht, damit es nicht plötzlich mitten im Satz den Geis

*Steht alles ganz genau in »Nature News«, 17. Oktober 2005.*

HOLM FRIEBE

# Das GRÖSSTE LOCH Europas

Knapp 20 Jahre hat das juristische Hickhack um das umstrittene Tiefbauvorhaben Garzweiler II gedauert. Verglichen mit der Zeit, die es braucht, bis aus Dinosauriern und Gestrüpp Braunkohle wird, ein historisch kurzer Zeitraum. Im Juni 2006 endlich begannen die Bauarbeiten zum »grössten Loch Europas« (nicht zu verwechseln mit dem tiefsten oder kleinsten). Bis 2045 sollen laut Rheinbraun (was für ein schön versauter Firmenname!) auf einer Fläche von sumasummarum 48 Quadratkilometern (das entspricht nach heute gängiger Einheit ca. 6.800 Fussballfeldern) etwa 1,3 Milliarden Tonnen von dem braunen Gold, auch »Naturkaviar« genannt, aus dem Boden gelöffelt werden. Da kann sich der halsabschneiderische Araber mit seiner schwarzen Plörre getrost mal gehackt legen. Auch wenn wir die Bedenken von Umweltschutzverbänden durchaus ernst nehmen und Zwangsumsiedlungen grundsätzlich nicht für die feine bürokratische Art halten, so begrüssen wir doch das Projekt. Schon allein wegen der Bagger. Und um den Chinesen wenigstens irgendwas entgegensetzen zu können. Ausserdem: Wenn zur Mitte des Jahrhunderts die Löcher geflutet und die Bagger auf einer Insel in der Mitte zusammengezogen werden, verfügt endlich auch die bis dahin vermutlich wieder errichtete Bundesrepublik über eine so schöne Festival-Location, wie die DDR sie mit »Ferropolis« im ehemaligen Braunkohletagebau Graefenhainichen schon längst hat. So muss man das auch mal sehen.

*Das mit 9101 Metern tiefste Loch der Welt entstand 1994 im Rahmen des kontinentalen Tiefbohrprojektes bei Windischeschenbach. Das kleinste Loch der Welt mit einem Durchmesser von 0,022 Millimetern wurde 2006 von Wissenschaftlern in Cardiff hergestellt.*

# HÖHER HÖREN

SASCHA LOBO

Jugendbewegungen definieren sich über die Musik, die sie hören. Dieser Satz hat den Erkenntniswert einer Loveparade-Ansprache von Dr. Motte. Interessant dagegen ist, *wie* Jugendbewegungen Musik hören, und vermutlich auch eine Spur aussagekräftiger. In demjenigen Früher, als noch kaum einer von uns geboren war, spielte die Jugend auf einer Maultrommel, leider gab es damals für Maultrommel nur Volksmusik, zum Glück ist dieses Früher schon länger vorbei. Kurz nach früher hörte die Jugend zu Hause Platten, dann unterwegs Musikkassetten, dann überall CDs, dann zu Hause MP3s, dann kam der iPod. Inzwischen sind Handys die neuen Ghettoblaster. Die Jugend rennt zwischen Schule und ihrem TGMP hin und her und hat begriffen, dass man die Kopfhörer sehr, sehr laut stellen muss, damit überhaupt irgendjemandem auffällt, dass man gerade aktiv rebelliert. Deshalb wird das Handtelefon lässig in der Hand getragen, dazu ertönt oft zu zweifelhaften Bedingungen erworbenes Liedgut über einen Lautsprecher, auf dem sich Barry White anhört wie ein Kastrat auf Helium. Es ist zwar unfassbar spiessig, nicht auf die Jugend zu schimpfen, weil es so spiessig ist, auf die Jugend zu schimpfen, aber in diesem Fall wollen wir ein Auge zudrücken und das Positive an dieser musikverachtenden Entwicklung sehen: Nach den Gesetzen des Marktes und der Fixierung der Anbieter auf die junge Zielgruppe werden wir alle schon in kurzer Zeit mit echten Hochleistungs-Handyakkus versorgt werden.

*Zitat 2006: »(...) Wir demonstrieren, dass Menschen mit unterschiedlichem Hintergrund fähig sind, solidarisch zu sein. Ihre Aversion zu einander ist zwar angelernt, aber ihre Fähigkeit gemeinsam zu grooven ist angeboren. Wir sind hier mit Soundsystems, nicht mit Gewehren. Es ist kein Protest gegen irgendetwas an sich. Es ist viel mehr eine Demonstration der Fähigkeit der ethnisch vielfältigen Menschheit eine Einheit durch musikalische Kooperationen zu erlangen.*
*Die Welt ist zerbrochen durch Konflikte unter den Völkern. Wenn die Menschheit überleben will, ist eine Evolution des menschlichen Bewusstseins erforderlich. (...)«*

*Target Group Meeting Point, ein wunderschöner Marketingbegriff.*

▼ **Dieses der Vergangenheit angehörende Bild gehört nun noch mehr der Vergangenheit an.**

# Schlafen auch ohne Nacht

Norwegische Rentiere haben herausgefunden, dass man auch tagsüber schlafen kann. Endlich wird somit ein uraltes Vorurteil widerlegt, das uns allen von Autoritäten wie Mutter oder Sonne jahrzehntelang eingeprügelt wurde: Kind, geh vor Mitternacht ins Bett, schlafe regelmässig, denn jeder Tag hat vierundzwanzig Stunden. Völliger Blödsinn, sagen die Rentiere mit donnernden Hufen und lodernden Nüstern, durch ihren arktischen Lebensraum an bizarre Tag/Nacht-Verhältnisse gewöhnt. Sie schlafen und grasen abwechselnd, sobald das eine langweilig wird, tun sie das andere, und nehmen dabei absolut gar keine Rücksicht auf den Stand der Sonne. Manchmal stehen sie nach drei Stunden wieder auf, manchmal nach zwanzig, und wenn sie irgendwann genug haben, bleiben sie für immer liegen. Damit ist es also endgültig klar: Die Sonne ist weder Mittelpunkt des Universums noch Dreh- und Angelpunkt des Tagesablaufs, sondern einfach nur ein hirnloser Leuchtstoffball. Sie hat dem Rentier in uns gar nichts zu sagen! Die kopernikanische Schlafwende! Schluss mit dem ewigen Sonnenfaschismus! Protestschlafen (auch) tagsüber! Hier endet dieser Beitrag, denn Grasen kommt mir gerade viel spannender vor.

*Genau genommen der Biologe Karl-Arne Stokken und seine Kollegen von der Universität Tromsø.*

# Neologismus Entenmunition

MICHAEL BRAKE

Es ist alles nicht so einfach in der heutigen Warenwelt. Früher, als die Produkte noch nicht ausgereift waren, konnte man mit echten Produktvorteilen werben, zum Beispiel als Hersteller für Entenmunition. Hersteller A überzeugte mit besonders geringen Schrotrückständen im Entenleichnam, die Munition von Hersteller B war dafür extrem leicht und die von Hersteller C hatte diese spezielle Feuchtigkeitsresistenz.

Mittlerweile kann sowohl A als auch B (hat C zwischenzeitlich aufgekauft) alles zusammen und viel mehr. Hersteller D, der sich neu auf dem Entenmunitionsmarkt etablieren will, muss daher zu Tricks greifen. So kann er via Werbung Pseudo-Produkteinzigartigkeiten schaffen (»Die einzige Entenmunition für den ganzen Kerl«, »Die einzige Entenmunition für die ganze Familie«) oder mit Testimonials arbeiten (»Die einzige Entenmunition, die schon in Duck Hunt zum Einsatz kam«). Oder er denkt sich wirklich mal etwas Neues aus, irgendein verrücktes Zusatzgimmick, das den Markt vollkommen umkrempelt oder zumindest ausreicht, um ein Thema in Gadget-Blogs und auf den Vermischtes-Seiten der Zeitungen zu werden. Am besten noch mit einem vorgeschobenen gesellschaftlichem Anspruch, z.B. Umweltbewusstsein. So dachte man sich das bei Hersteller D aka Season Shot und erfand deshalb eine Patrone, die sich im Entenkörper komplett in Gewürzmischung auflöst, so den Vogel schon vor dem Braten verleckert und zudem umweltfreundlich durch den Rückgang des Patronenhülsenmüllaufkommens ist.

*Ein damals ziemlich bekanntes Videospiel für das NES, bei dem man Enten abschiesst.*

Hersteller E wird sich bei seinem Markteintritt ganz schön strecken müssen. Seine Entenmunition muss sich dann schon automatisch in Füllung verwandeln, die Ente braten und vierteilen. Notfalls geht aber auch was mit GPS.

HOLM FRIEBE

# Der Feind in meinem Beet

Schon als der Kollege Albers und ich 2001 im Zuge unserer Tournee durch Deutschland Karlsruhe streiften, dort die Harfinistin und Autorin Angelika Maisch besuchten und einen Ausflug in den Schwarzwald unternahmen, um dort die zu Recht sagenumwobene MaKü-Systemgastronomie zu studieren, wurden wir auf das Phänomen Springkraut aufmerksam und stellten darüber Spekulationen an. In unserem Reisetagebuch notierten wir damals:

*MaKü-System: Ein vom Speditionsunternehmer, Gastronom und Zierpflanzenzüchter Manfred Kübler geschaffenes und in der Plotzsägmühle eigenhändig umgesetztes geschlossenes Wahnsystem, dessen genaue Erklärung hier eindeutig zu weit führen würde.*

*Am Wegesrand bemerkten wir lobend ein rosanes Kraut, das überall in voller Blüte stand. Maisch sagte, dass das gar nicht so lustig sei, weil es sich dabei um Indisches Springkraut handele, das, einmal in Europa eingeschleppt, nun drohe, den gesamten Schwarzwald zu überwuchern. Umgekehrt habe Hawaii gerade mit der Invasion der heimischen Brombeere zu kämpfen, die dort die dermaleinstige Faunavielfalt niederzumachen drohe. Wir fühlen uns an die gestrige »Risiko«-Session erinnert und mutmassen, dass die beiden Arten einfach in einer strategischen Allianz die beiden Kontinente »Europa« und »Asien« unter sich aufgeteilt haben, weil das in ihren evolutorischen Auftragskärtchen stand.*

Indisches Springkraut: Auch »Drüsiges Springkraut« (*Impatiens glandulifera*) gehört zur Unterklasse der Asternähnlichen in der Familie der Balsaminengewächse.

Inzwischen beschäftigen sich Titelgeschichten (SZ-Magazin Juni 06) mit dem Verbreitungsfortschritt des nämlichen Krauts:

*Weil das Indische Springkraut auch noch sehr schnell und dicht wächst und alle seine natürlichen Feinde immer noch im westlichen Himalaya*

▲ Lila Alien.

*sitzen, hat es sich in einigen Gegenden rasend schnell ausgebreitet, oft in riesigen »natürlichen Monokulturen«.*

Umweltschützer schlagen erwartungsgemäss Alarm und bemühen fremdenfeindliche Rhetorik. In der Schweiz bekämpft man bereits Gleiches mit Gleichem, indem man Asylbewerber gegen das Kraut zu Felde ziehen lässt. Aber hey, muss man Überfremdung nicht auch mal als Chance begreifen? Deutschland wird rosa – das passt zum neuen soften Patriotismus mit menschlichem Antlitz wie der sprichwörtliche Arsch auf den Eimer. Nach »Cool Britain« jetzt »Pink Germany«. I'm lovin' it.

*Softer Patriotismus: vgl. Matthias Matussek: »Wir Deutschen« et al.*

# Form follows *Entertainment*

MICHAEL BRAKE

Energie, dieses Zauberding! Es gibt sie in den verschiedensten Formen (kinetisch, potenziell, thermisch, elastisch, Riegel, etc.), und viele schöne Dinge wären ohne Energie einfach nur nutzlos in der Gegend herumstehender Metallschrott. Doch liest man in letzter Zeit immer wieder von übermässigem Energieverbrauch. Was ist da dran? Wird es, kaum haben wir uns an sie gewöhnt, in wenigen Jahren schon wieder vorbei sein mit der Energie? Werden wir unsere Autos stattdessen mit kleinen flauschigen Tieren betreiben müssen?

Bei Wikipedia steht nun, dass Energie aufgrund des Energieerhaltungssatzes überhaupt gar nicht verloren gehen kann. Aber ist das auch wahr? Wikipedia, unsichere Sache, wer weiss schon, ob sich da nicht ein paar profilierungssüchtige Physiker ausgetobt haben. Wer auf Nummer sicher gehen will, sollte daher zusehen, dass er seine Energie mehrfach nutzt. Dabei hilft eine neue Erfindung: Für die beiden wichtigen Alltagstätigkeiten »Bleistifte anspitzen« und »kleine niedliche Roboter zum Laufen bringen« ist dank des Wind-up Robot Sharpener ab sofort nur noch eine Energieaufwendung nötig. Die Welt kann also wieder ein bisschen aufatmen (und sollte dabei möglichst einen Luftballon vor den Mund halten, um die Blasenergie zu nutzen).

*Darüber könnte man Bücher schreiben, und ich soll das in einem kleinen Kasten erklären?*

# Geld wie Heu

SASCHA LOBO

Die Zeiten für Bauern scheinen immer schlechter zu werden. Subventionskürzungen, Preisverfall bei Agrarprodukten, Billigimporte – der gemeine Landwirt hat offenbar kaum noch Chancen, seine Familie angemessen zu ernähren. Die in der Marktwirtschaft natürliche Folge ist die Suche nach Ersatzeinnahmequellen. So wird das seit einiger Zeit praktizierte Kuhleasing immer erfolgreicher, andere Bauern bieten tolldreist Arbeitsferien an, für die man unter Umständen sogar bezahlen muss. Da ist eine naheliegende, harmlos daherkommende Variante, sein Heu zu Geld zu machen. Und zwar mit Werbung, wie man sieht. Über die marktüblichen Richtwerte kann man errechnen: bei einem TKP von 30 € und vor Ort geschätzten vier Passanten pro Tag kommt der Werbebauer auf Zusatzeinnahmen von 3,60 € pro Monat. Da ein solches mehrfarbig geplottetes Riesenplakat etwa 1.200 € kostet, hat sich die Investition bereits nach 27,7 Jahren amortisiert und beginnt dann, Reingewinn abzuwerfen. Aber Landwirte sind ja gewohnt, langfristig zu denken.

*Wahrscheinlich aus China.*

*Tausendkontaktpreis.*

# 5 Alles wird schlechter

CHRISTIAN Y. SCHMIDT

Alles wird besser? Gewiss, sagen Sie da hinten, die vielen technischen Erfindungen und so machen uns das Leben angenehmer und interessanter. Nun, die These hört man öfter. Und sie mag sogar mal gestimmt haben. Doch damit ist es heute vorbei, jedenfalls in dieser Absolutheit.

Nehmen wir die wichtigste Erfindung der Neuzeit. Nein, nicht das Internet, die Atombombe oder das Handy. Die wichtigste Erfindung ist das Auto, weil es unser Leben grundlegender verändert hat als jede andere Technologie. Das Internet, das Handy oder die Atombombe muss man nicht benutzen, doch von der allgemeinen Automobilisierung in den letzten 150 Jahren ist jeder Bewohner der ersten Welt betroffen. Alles wurde durch sie anders: die Städte und die Landschaften, der eigene Blick, das Denken.

Die wichtigste Erfindung aber ist zugleich die dümmste. Sie verbessert unser Leben nicht, im Gegenteil. Dabei soll hier gar nicht von den Umweltkosten des Autos die Rede sein, nicht von mehreren Millionen Tonnen $CO_2$, die jährlich in die Atmosphäre geblasen werden und die zur globalen Erwärmung führen, mithin zum Untergang von mindestens Manhattan, Holland, Hamburg oder Bremen. Auch wollen wir dieses Mal von der Vielzahl an Rohstoffen und den rund 230.000 Liter Wasser schweigen, die für die Herstellung eines Mittelklassewagens verballert werden, sowie den rund 1,2 Millionen Unfalltoten jährlich. Nein, diese Erfindung ist unter anderem auch deshalb so dumm, weil sie ihren erklärten Zweck nicht erfüllt: den schnellen und angenehmen Transport von A nach B nämlich.

Weil es zu viele Autos gibt, reist man inzwischen in ganz Mitteleuropa sowie allen Ballungsräumen dieser Welt mit der Bahn viel schneller und bequemer. Kein Wunder, dass die beiden grössten Freunde der

Massenautomobilisierung rückwärtsgewandte Irrationalisten und Nazis waren: der Antisemit Henry Ford und natürlich der Führer selbst. Fragen Sie sich selbst: Möchten Sie zu diesen Leuten zählen?

Nein, die Probleme, die die Automobilisierung schafft, wären auch nicht dadurch zu lösen, wenn man die heutigen Autos durch welche mit Gas-, Elektro-, Biodiesel- oder Hybridantrieb ersetzt. Es bliebe die faktische Immobilität des Autos in den Städten und der wahnwitzige Flächenverbrauch. Der Kommunikationswissenschaftler Hermann Glaser stellte dazu 1981 fest: »Wenn sich die Menschheit zahlenmässig so weiterentwickelt wie derzeit und wenn jeder erwachsene Mensch auf der Welt ein Auto haben soll, dann brauchen wir im Jahre 2010 mehr Strassenfläche, als es feste Erdoberfläche gibt.«

Ha, ha, könnten Sie jetzt sagen. Das ist doch schon in drei Jahren, und von einer durchasphaltierten Erdoberfläche kann ich nichts erkennen. Ha, ha, ha, antworte ich da, es hat ja auch noch nicht jeder ein Auto. Doch das wird sich wahrscheinlich ändern, und zwar bald. Seit rund vierzig Jahren wird gefragt: »Was passiert eigentlich, wenn alle Chinesen ein Auto wollen?« Wenn Sie möchten, sehen Sie sich die Antwort an. Im Jahr 2005 fuhren rund 12 Millionen Autos auf Chinas Strassen, von denen die chinesische Regierung übrigens momentan 15.000 neue plant, darunter viele Autobahnen. Im Jahr 2020 sollen es mehr als 140 Millionen Autos sein.

Wenn wirklich alles besser werden soll, gäbe es nur eins: Weg mit den Autos, sofort verschrotten, zumindest alle, die der privaten Personenbeförderung dienen. Nur geht das leider nicht. Schuld daran ist das Wirtschaftssystem, das bestimmt, was wir machen. Der Kapitalismus ist eine Riesenmaschine, die leider keine vernünftige Redaktion hat, sondern lediglich einfachen Prinzipien wie Konkurrenz und Wachstum gehorcht. So ist dieses Kapitalismusding zwar recht gut darin, viele, zum Teil auch schöne Sachen zu produzieren, es ist aber ganz schlecht im Schrumpfen. Oder anders: Würde man die dummen Autos abschaffen, würden ganze Nationalökonomien zusammenbrechen.

Der Kapitalismus, man vergisst es leicht, ist aber nicht bloss eine Maschine, sondern auch ein unangenehmer Bruder. Von den vielen Sachen, die er produziert, schenkt er dem schlecht riechenden Porschebesitzer auch noch einen Privatjet, während er dem Fussgänger in Afrika mitten auf dem Zebrastreifen die Butterstulle aus der Hand schlägt. Ich weiss, es langweilt Sie, aber hier kommt dennoch eine schöne Momentaufnahme zur aktuellen Weltbesitzverteilung, die vom WIDER-Institut der Uno stammt: Würde die Weltbevölkerung auf zehn Menschen reduziert, besässe ein Mensch 99 Dollar und die restlichen neun zusammen einen. Wer also behauptet, es würde alles besser, soll doch auch sagen, für wen von den zehn.

Doch es gibt tatsächlich ein paar Orte auf der Welt, wo es zumindest etwas besser wird. In China führt fast jeder Bürger heute ein angenehmeres Leben als noch vor ein paar Jahren. Jeden Monat gibt es hier schnellere Eisenbahnen, interessantere Raub-DVDs, bessere Wohnungen und noch viel bessere Restaurants. Würden die Chinesen auch noch die Privatautos abschaffen, wären sie auf einem guten Weg.

Auch gibt es ein paar wirklich nützliche Erfindungen, die das Leben global verbessert haben. Das Internet beispielsweise. Es macht nicht nur, dass wir alle klüger werden. Die virtuellen Welten entlasten auch die eine nicht so ausgedachte. Im Netz können Michael Schumacher und seine Freunde folgenlos Autorennen fahren, dürfen Menschen mit ner Macke anderen Menschen mit ner Macke den Hals umdrehen, während sich gleich nebenan arme, alte Männer nackte Weiber angucken, ohne ihnen weh zu tun.

Ein Fortschritt ist auch die Internettelefonie, allein weil sie umsonst ist. Doch ist das Skypen bereits wieder ein zweischneidigeres Schwert als alle Schwerter aus »World of Warcraft« zusammen. Wird nämlich eine Webcam zugeschaltet, dann kann es sonntagnachmittags in Peking passieren, dass man unvorbereitet einem ungekämmten Menschen aus Berlin – nennen wir ihn Holm Friebe – ins blasse, vom Alkohol zerstörte Gesicht sieht. Das muss nicht sein.

Apropos: Kann wirklich jemand behaupten, dass alles besser wird, wenn wir täglich erfahren müssen, wie Menschen älter, gebrechlicher und kränker werden, um eines Tages zu sterben? Und zwar alle Menschen, Sie und mich eingeschlossen? Im Ernst. Die Frage kann doch nicht lauten, ob alles schlechter wird, sondern höchstens: Seit wann? Auch das kann ich Ihnen sagen: Seit 1979.

MICHAEL BRAKE

Auf den ersten Blick sieht sie aus wie eine freundliche unkommerzielle Institution, die auf ihrer Homepage zudem Igel-Bilder von einer Niedlichkeit versammelt, die selbst Katzenbabys wie eine Mischung aus Nacktmull und Fangzahnfisch erscheinen lässt: The International Hedgehog Association.

Doch der äussere Schein trügt, und je tiefer man in die Seite vordringt, desto deutlicher werden die Ausmasse des Grauens: Hier sind keine Igelfreunde am Werk, sondern verachtenswerte Igeltechnokraten, -vermesser und -zurschausteller. Statt über die Gefahren des furchtbaren Wobbly Hedgehog Syndrome aufzuklären, brüsten sie sich damit, in den letzten 10 Jahren über 100 Igelausstellungen abgehalten zu haben. Igelausstellungen! Mit Preisen! Als wäre für solche Zwecke nicht der Hund erfunden worden. Damit nicht genug: Im Color Guide werden die Igel in 92 Farbklassen eingeteilt, deren Namensgebung sich die schmierigste aller Marketing-Agenturen nicht hätte schlimmer ausdenken können: von *Salt & Pepper* über *Ruby-Eyed Cinnicot*, *Champagne* und *Chocolat Chip* bis hin zu *Algerian Apricot Snowflake*.

*Multiple Sklerose bei Igeln.*

Der Gipfel ist allerdings der Igel-Registrierungsservice. Der Igeldatenschutz wird mit Füssen getreten und der Hinweis »Dedicated to Preserving the Quality of the Species« zeigt die eigentliche Absicht der Hedgehog Association: die Züchtung einer Igelherrenrasse, die Schaffung einer Welt, in der für den einfachen Wald- und Wiesenigel kein Platz mehr ist.

KAI SCHREIBER

# Wer nicht beisst, kriegt Arschkrebs

»Wer nicht raucht, kriegt Arschkrebs«, maulte damals der angepflaumte Raucher in Jean-Marc Reisers Zeichnung zurück, lustig und befreiend, wenn auch moralisch ein wenig unschön. Reiser selbst starb 1983 an Knochenkrebs, und auch das, wie Krankheit und Siechtum im Allgemeinen, ist nicht eben schön in irgendeinem Sinne des Wortes. Schön gefunden werden auch die zu den Beuteltieren gehörenden Tasmanischen Teufel nur von einigen wenigen Tier-Connaisseuren. Die Hetzkampagne gegen die drolligen Tiere mit dem markanten Unterkiefer wird seit der Besiedlung Tasmaniens durch schaffreundliche Europäer geführt, und nur knapp entgingen die lustigen Racker dem Schicksal des längst ausgetilgten Tasmanischen Tigers.

Seit 1941 stehen die armen Teufel unter Naturschutz, was irreführenderweise aber rein gar nicht vor den Amokläufen der Natur selbst schützt, die der Teufelpopulation schon seit Jahren mit unschönem Gesichtskrebs zu Leibe rückt.

Wie Nature im Februar 2006 berichtete, wird dieser Gesichtskrebs durch kameradschaftliche Teufelsbisse, sozunennendes Sozialgebeiss, übertragen. Schade, dass die Teufel keinen Zeichner haben, der die Überschrift dieses Beitrags in einen Cartoon verwandelte. Womöglich wäre ihnen dann die ganze unschöne Scheisse ein wenig leichter zu ertragen.

KATHRIN PASSIG

# Wellnessnachfolge

Schon im August 2005 versprachen wir baldige Ergebnisse unserer Suche nach dem Wellnessnachfolger. Kurze Zeit schien Schlafen (»Sleeping«) die neue Wellness werden zu wollen, aber dann stellte sich heraus, dass Schlafen doch nur der neue Sex ist. Auch die von Matthias Horx entdeckte »Selfness« sowie »Healthness und Herzklopfen« (fg Mediendienst, Februar 2006) waren keine qualifizierten Nachfolgeprodukte.

Siehe Seite 143.

*Wired News, 13. April 2006.*

Im Frühjahr 2006 zeichnete sich jedoch immer deutlicher ab, dass die biologische Wellness-Nische demnächst von der Langeweile besetzt wird. Das im Alltag immer stärker zurückgedrängte Luxusgut Langeweile wird demnächst voraussichtlich in Form von Langeweile-Wochenenden auf teuren Langeweilefarmen angeboten (kein Internet, kein Handyempfang, Sudoku und Nordic Walking als einzige Beschäftigungsangebote). Als Vorreiter, wenn nicht Entdecker dieses neuen Megatrends darf die Gemeinde Partschins bei Meran mit ihrer bereits 2005 im Rahmen der »Partschinser Erlebnistage« angebotenen »Langen Nacht im Schreibmaschinenmuseum« gelten. Viel mehr gibt es über den neuen Trend auch nicht zu sagen, er ist einfach zu langweilig.

• **SO NICHT**: alles nur geträumt (verwirrend)

SASCHA LOBO

# uPod – hässlichstes Gadget der Welt entdeckt!

Viele Menschen wissen nicht, dass die Riesenmaschine neben ihren über fünfzig Autoren auch eine Heerschar von Rechercheursschergen beschäftigt. Traurigerweise kam es dabei kürzlich in einer abgedunkelten Kellerhalle zu einem Unglücksfall. Eine visuell zartbesaitete Person geriet unvorbereitet in Sichtkontakt mit der »Jeep Color TV/Radio/Lantern«. Die Aufseher deuteten die Konvulsionen und blutenden Augen gleich korrekt – das hässlichste Gadget der Welt ist endlich entdeckt, der oft postulierte, legendäre uPod. Die Redaktion der Riesenmaschine wurde selbstredend sofort informiert, glaubte aber zunächst an einen Scherz, weil es sich beim Hersteller nicht um Siemens handelt. Inzwischen hat sich das Drama jedoch in seiner vollen Unästhetik über uns ergossen, und wir geben es natürlich gern an unsere Leser weiter.

*Ugliest Possible Device.*

Mit diesem Gerät wurde nicht nur gezeigt, wie man heute ein Gadget für Menschen von gestern mit Technikschrott von vorgestern entwickelt. Darüber hinaus fanden auch die schlechtesten auffindbaren Designrichtlinien für taiwanesische Spielzeug-Plastikroboter der 80er Jahre Anwendung. Auf provisorischer Basis wurde der Titel »hässlichstes Gadget der Welt« bisher von der eingestellten Handyserie »Xelibri« geführt – nun muss der Platzhalter dem ersten echten Titelträger weichen. Die Kosten für diesen Zyklops sind mit 300 Dollar überraschend niedrig; Menschen, die so eine gerätgewordene Zumutung tatsächlich kaufen, würden wohl auch 3.000 Dollar dafür ausgeben.

*Ein hinkender Vergleich, einige dieser Roboter müssen als Designpreziosen bezeichnet werden.*

LUKAS IMHOF

# Völkermord in der Schweiz!

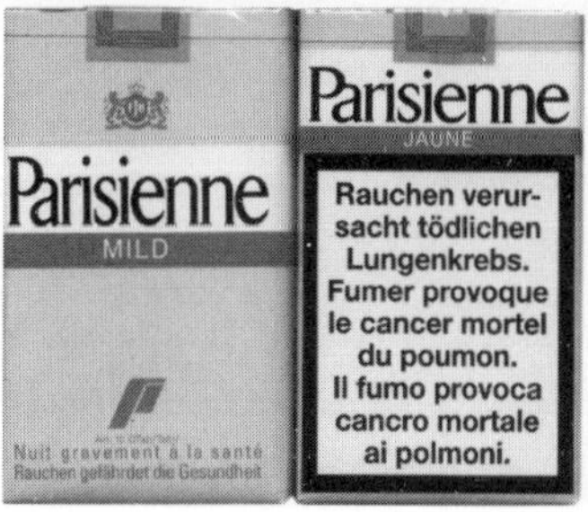


Das Böse schlägt ja oft dort zu, wo man es am wenigsten erwartet: zum Beispiel in der idyllischen Schweizer Bergwelt. Also dort, wo die vierte Schweizer Landessprache zu Hause ist, das Rätoromanisch. Es handelt sich dabei um eine eigenständige, lateinische Sprache, die gerade noch von rund 35.000 Berglern gesprochen wird. Natürlich wird das Rätoromanische, wie alles was alt ist und ausstirbt, mit Bundesgeldern und per Gesetz gehätschelt und gepflegt. Wer also sein Manuskript oder sein Demotape immer wieder zurückgeschickt bekommt oder schon immer eine eigene Zeitschrift herausgeben wollte: ist das Ganze in Rätoromanisch, ist ihm Unterstützung von weit oben gewiss. Doch kürzlich scheint es den Verantwortlichen im Bundesamt für Kultur zu bunt oder einfach zu teuer geworden zu sein, und man bat die Kollegen vom Bundesamt für Gesundheit um nichts Geringeres als um Behilfe zum Völkermord oder zumindest zur ethnischen Säuberung. Die rätoromanische Minderheit soll ausgerottet werden. Dazu hat man sich eine hinterhältige Methode ausgedacht: Während man neuerdings alle anderen Sprachgruppen vor den tödlichen Folgen des Rauchens mit riesigen Hinweisen auf den Zigarettenpackungen warnt, lässt man die rätoromanischen Minderheit blauäugig und naiv in den Lungenkrebshammer laufen. Kein Wort über Gefahren und Risiken, sie werden alle sterben. Das, liebe Verantwortliche in Bern, wird euch in der Karma-Endabrechnung dereinst teuer zu stehen kommen. Die gemurmelte Ausrede, es wäre gar nicht ernsthaft um eine Warnung gegangen, sondern lediglich darum, die Zigarettenpackung hässlich und uncool zu machen, die wird euch dann nämlich nichts mehr nützen.

*Die entsprechenden Verordnungen sind auf der Homepage des BAK zu finden (http://www.bak.admin.ch)*

# Sand auf unserer Haut

KATHRIN PASSIG

Die Website des neuen Zeugs Axe Snake Peel empfängt uns mit einem fröhlichen »Empfohlene Systemvorraussetzungen (sic): DSL-Verbindung, Pentium III mind. 1 GHz«, aber die Korrelation zwischen waschbedürftigen, schlecht riechenden Menschen und solchen mit solider Hardwareausstattung liegt ja auf der Hand, jedenfalls für die Axe-Marktforschung. Worum es sich bei »Snake Peel« handelt, geht aus der ansonsten sehr bunten und mädchenreichen Seite hingegen nicht so ganz hervor. Erwähnenswert ist Axe Snake Peel einzig und allein, weil es »Wüstenmineralien« enthält, und wenn der Werbebranche je ein eleganterer Euphemismus für das nicht ganz so hautpflegend glitzernde Wort »Sand« gelungen ist, dann wissen wir zumindest nichts davon. Wüstenmineralien! Zugegeben, nach »Meeresmineralien« (Salz) lagen Wüstenmineralien irgendwie nahe, aber das kann man hinterher von jedem Geniestreich leicht sagen. Was soll nach »Wüstenmineralien« noch kommen? Wir müssen uns damit abfinden: Mit »Wüstenmineralien« ist die vitalstoffreiche Sauerstoffzubereitung vulgo Luft aus dem Euphemismenmarkt raus. Von jetzt an geht's bergab.

# Mozart's Balls

LARS HUBRICH

Es gab die Schweine in Cincinnati, die Buddy Bears in Berlin, Sydney und auch Hongkong. Es gab Löwen, Frösche, Bären, Haie, Orcas, Büffel, Elche, Fische, Schweine, Hans-Hummel-Figuren, Lipizzaner oder Dinosaurier, je nachdem halt, und alle Städte, denen gar nichts einfiel, nahmen Kühe, mehr, als selbst der grösste Kulturpessimist hätte voraussagen wollen. Auch Salzburg hatte eine Kunstkuhaktion, die jedoch so sehr unterging, dass sie nicht einmal auf der offiziellen Kuhparadenwebseite erwähnt wird. Also versuchen die Salzburger es im Mozartjahr 2006 aufs Neue.

Nun sollte man nicht über öffentliche Kunst meckern, so wie man bei den Paralympics nicht die Sportler ausbuhen soll, aber angesichts der neuen Salzburger Aktion vergeht einem das Schweigen. Die Mozartkugeln sind von so sensationeller Einfältigkeit und gestalterischer Unbedarftheit, dass sie fast schon wieder rührend wären, wären sie nicht so hässlich. Die Liste der Kugel-Künstler mag einen dann jedoch wieder beruhigen, wenn nicht sogar beglücken; in schöner Eintracht findet man dort »Designer«, »urban artists«, Künstlergruppen, die Universität für angewandte Kunst Wien direkt neben dem »Kreativprogramm der Psychiatrie I« oder auch der »Kreativklasse 4b der HS«.

# 6 Fakten *und* Figuren

GABRIEL YORAN

Man kann nicht ernsthaft von Fakten sprechen. In »Fakten und Figuren« diskutieren daher entschlossen zweifelnde Autoren eindeutig widersprüchliche Daten – unter einer Überschrift, die – als *facts and figures* noch naiv-faktengläubiges Versprechen – in der doofdeutschen Übersetzung zum Absurden gerinnt. Wenigstens das steht fest.

Gar nicht fest steht hingegen, was der Fotograf in Michelangelo Antonionis Film »Blow Up« fotografiert hat. Er ist besessen von dem Gedanken, zufällig einen Mord abgelichtet zu haben. Nur, ach, es fehlen die Fakten. Also vergrössert er das vermeintliche Tatfoto wieder und wieder. So lange, bis man in dem Ausschnitt alles sehen kann, was man will. Die Auflösung ist so hoch, dass sich alles in Luft auflöst. Mit jeder Vergrösserung wird das Gezeigte mysteriöser und verworrener, bis es gar als abstraktes Gemälde durchgeht. Täter und Opfer bleiben unbestimmt, auch, ob überhaupt etwas passiert ist. Aber immerhin dürfen wir ein vergrössertes, verschwommenes Schwarzweissfoto als Kunstwerk auffassen. Das ist das Schöne an der Postmoderne, die Antonioni antizipiert hat: Schaut man durch ihre bunte Brille, erscheint die Welt zwar noch unerklärlicher, als sie ohnehin schon ist, und die »grossen Fragen« bleiben unbeantwortet, aber immerhin wird nicht mehr der die Moderne bestimmende Eindruck erweckt, sie könnten geklärt werden. Es behauptet ja auch niemand zu wissen, warum Wirsing auf Englisch »savoy« heisst. Oder warum Hartmut Mehdorn genauso aussieht wie Gus van Sant.

Hier kommt endlich Jean-François Lyotard zur Hilfe: Alle Ansätze, die Welt mit einem grossen Wurf zu erklären, lehnt er schlichtweg ab. Die »offizielle Geschichtsschreibung« ist für ihn gerade mal eine Sammlung von Metaerzählungen. Und für den Historiker Hayden White ist gleich die ganze Historie Fiktion: Geschichte sei gar kein »Fundus von

Fakten, sondern werde gemacht, indem durch subjektive Selektion gewonnenes Datenmaterial einer narrativen Form subordiniert werde«, so Matthias Kraus über White. Und nicht mal die Trennung zwischen »Fiktion« und »Wahrheit« (also zwischen Roman und Geschichtsbuch) kann Garant für Objektivierung sein, sondern dient »lediglich der Verschleierung subjektiver Diskursregeln unter dem blossen Anschein von Objektivität«. Lyotard wünscht sich eine »Politik der kleinen Erzählungen«, schliesslich besteht die Geschichte für ihn aus einem »Haufen Milliarden unbedeutender oder folgenschwerer kleiner Geschichten«.

Wenn also auf die »offizielle Geschichte« kein Verlass ist, worauf dann? Marken versuchen die freigewordene Glaubenslücke zu füllen, zum Beispiel das Modelabel Esprit, dessen Letztbegründungsimpetus sich allerdings in dem Claim »The World is our Culture« erschöpft. Es bleibt also bei Lyotards Hoffnung auf die Aufdeckung der Unzulänglichkeit und Willkürlichkeit der Sprache. Die Riesenmaschine ist längst dabei: Die Phänomene, die auftreten, wenn – wie in »Blow Up« – Details bis zur Kenntlichkeit vergrössert werden, finden sich im folgenden Kapitel.

# Hot, hot, hot

ALEKS SCHOLZ

»Hot Content« schreiben heute viele Hochstapler auf ihre Produkte, aber nur die allerwenigsten meinen es ernst damit. Was wirklich hot, cool, lauwarm, gut oder schlecht ist, weiss am Ende in diesem Wirrwarr aus Etikettenschwindel und Realitätsverlust niemand mehr. Deshalb sind wir sehr dankbar, dass die Kollegen von der Z-Machine im März 2006 endlich wieder einen Referenzpunkt setzten, Achtung, hier kommt er: zwei Milliarden Grad. Die Z-Machine funktioniert dabei nicht viel anders als ein Toaster, man braucht ein Stück Metall und Strom, und wenn man dann konsequent immer mehr Strom, *sehr* viel mehr Strom, am Ende schon zugegeben extrem viel mehr Strom durch das Metall schickt, dann verbrennt man sich die Finger. Es entsteht ein kleiner Plasmaklumpen, das Heisseste, was je von Menschen auf der Erde produziert wurde, genau genommen sogar heisser als eine Supernova. Das ist beachtlich, bewundernswert, ungeheuerlich.

*Die Z-Machine ist der grösste Röntgenstrahlungsgenerator der Welt und steht in Albuquerque, NM.*

Leider verhält es sich mit der Z-Machine wie mit allen anderen wirklich heissen Dingen: Man kann sie nirgends kaufen, und wenn man sie kaufen könnte, würden die Eltern sie sofort verbieten, so dass man sie nur heimlich unter der Bettdecke ausprobieren kann. Ausserdem beschweren sich wahrscheinlich hinterher die Nachbarn.

*Eine Supernova ist ein explodierender Riesenstern, in dem es auch ganz schön heiss wird (1 Mrd. °C).*

LUKAS IMHOF

# SEX in H0

Weitgehend unbemerkt von der Weltöffentlichkeit hat in den letzten Jahren im Massstab 1:87 diejenige Revolution stattgefunden, die im richtigen Leben irgendwann um '68 herum stattgefunden hat, nämlich die sexuelle. Dazu muss man wissen, dass sich die Firmen Preiser, Noch und Viessmann den deutschen Markt an Modellbahndekorationsfigürchen teilen. Das ist ein hartes Geschäft und hier gilt: Sex sells. Preiser hat diese Entwicklung verschlafen und ist nie über die Sexiness der *Familie Krause am Strand* herausgekommen, und dies, obwohl Preiser dereinst so wichtig war, dass Figürchen im Massstab H0 in einschlägigen Kreisen auch *Preiserlein* genannt werden. Noch hingegen hat die Zeichen der Zeit als Erste erkannt und zuerst mit den ›Badenden‹ und dann mit ›FKK‹ und ›Sauna‹ zwei Themenwelten ins Programm aufgenommen, die zumindest im eher biederen Eisenbahnmodellbaumilieu als sexuell konnotiert gelten dürften. Diese verkauften sich wie blöd, und also legte Noch nach: Mit den *Sexy Ladies* brachten sie Playmates und mit *Sexy Scenes* schliesslich richtig echte ›Liebesakte‹ auf den Markt. Und Viessmann? Viessmann kommt jetzt mit einem Produkt, das so geschickt die Freude am bewegten Modell und die am Zuschauen verbindet, dass der Markt aufgemischt werden wird, wie noch selten ein Markt aufgemischt wurde: Auf einem Bett liegt ein Nackter und auf ihm sitzt eine Frau, die mit einem winzigen Magneten schwanger ist. Unter dem Bett aber sitzt ein kleiner Motor, der einen Magneten rotieren lässt, und was dann passiert, naja, wer's wissen will: Viessmann Liebespaar beweglich, mit Bett, 27 Euro, drei Geschwindigkeitsstufen, ab 18 Jahren. Im Fachhandel.

# Luftschiffe versenken

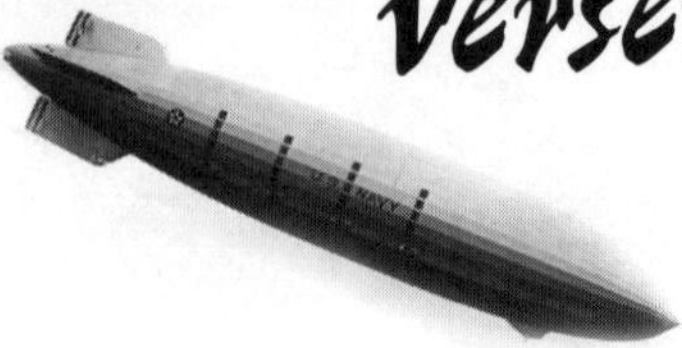

KAI SCHREIBER

Während die Nazis noch an der Reichsflugscheibe werkelten und sich in Neuschwaben (ein Teil der Antarktis, nicht Berlins) die verkrüppelten Zehen von braun auf schwarz umfroren, hatte die amerikanische Luftwaffe längst Monstrositäten am Start, gegen die ein fiktiver fliegender Kreisel mit bis zu 12 Irren drin wie ein Autoscooter auf dem Provinzrummel scheint – zwei riesige, fliegende Flugzeugträgerluftschiffe aus Aluminium, mit eingebauten Hangars. Die dort eingestellten bis zu fünf Flugzeuge wurden über eine Winde am Haken abgelassen und gestartet und hinterher, nach einem schwierigen Manöver zur Geschwindigkeitsangleichung, wieder eingehakt und über dieselbe Winde wieder aufgenommen. Wenn die von Goodyear und Zeppelin gemeinsam entwickelte USS Macon über der Wolkendecke flog, konnte sie eine kleine Kammer als Umkehrperiskop bis zu 300 Meter weit absenken – als sei ein fliegen-

*Mythologische fliegende Untertasse, angeblich von den Nazis entwickelt und in die Antarktis pilotiert.*

▲ Ein Luftschiff, gross, wie Manhattan.

der Flugzeugträger allein einfach noch nicht absurd genug. Aber das Wetter hatte ein Einsehen und blies erst 1933 das eine Irrsinnsding in den Atlantik, 1935 dann das andere in den Pazifik. Trotz sofortiger Suche konnte das Wrack im Pazifik nicht gefunden werden.

Bis dann Ende der 80er Jahre ein Fischer ein Metallteil im Netz fand und einem Restaurant schenkte. Dort erkannte jemand das sonderbare Bauteil, und der Druckerbaron David Packard, der 1933 gerade seinen Abschluss in Stanford gemacht hatte, als der Zeppelin in den Atlantik fiel, finanzierte eine Expedition, die die restlichen Trümmer aufspüren sollte. Mehrere Expeditionen fanden seitdem statt, die letzte, die eine Gesamtansicht des Trümmerfeldes zusammenpuzzelte, ging im September 2006 erfolgreich zu Ende. Vielleicht sollte man doch noch mal unter Neuschwaben nachgucken, ob sich da auch was versteckt. Obwohl, am Ende ist es ein Neuschwabe. Lieber nicht.

KATHRIN PASSIG

# Shampoo
## Wissenschaftsskandal

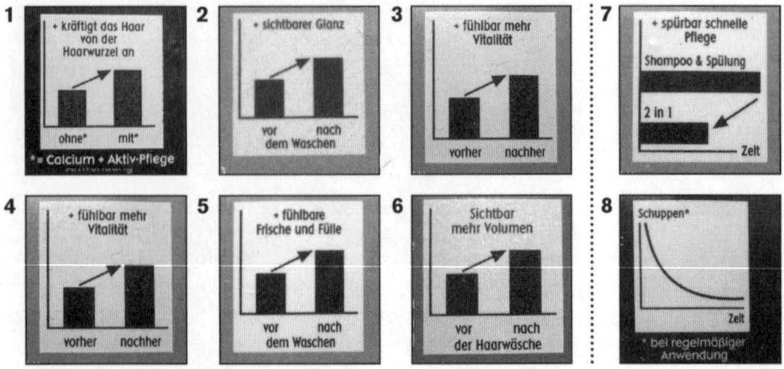


2002 wurde in Veröffentlichungen des Nanophysikers Jan Hendrik Schön in »Nature« und »Science« ein identisches Diagramm mit unterschiedlicher Beschriftung entdeckt. Ein ausgewachsener Wissenschaftsskandal schloss sich an; aus dem anvisierten Nobelpreis wurde nichts und zuletzt entzog die Universität Konstanz Herrn Schön 2004 seinen Doktorgrad wegen »unwürdigen Verhaltens«. Dabei handelte es sich offenkundig erst um die Spitze des betrügerischen Eisbergs. Wie die Riesenmaschine jetzt durch verdeckte Testkäufe feststellen konnte, enthalten je nach Hersteller bis zu 75% aller Haarreinigungsprodukte gefälschte wissenschaftliche Daten. Abbildungen 1 bis 6 zeigen die Grafiken auf der Rückseite von 1: *Nivea For Men*, 2: *Nivea Glanz*, 3: *Nivea Color*, 4: *Nivea Vitalizing*, 5: *Nivea Anti-Fett* und 6: *Nivea Volumen Lift*. Signifikante inhaltliche Übereinstimmungen bei gleichzeitig unterschiedlicher Beschriftung der Diagramme sind nicht von der Hand zu weisen. Einzig bei *Nivea 2 in 1* und *Nivea Anti-Schuppen* (Abb. 7 und 8) werden wissenschaftliche Mindeststandards gewahrt. Für die Forschungs- und Entwicklungsabteilung der Beiersdorf AG sieht es damit wie für Jan Hendrik Schön nobelpreistechnisch in den nächsten Jahren äusserst mau aus.

ALEKS SCHOLZ

# Platten, *wie wir sie lieben*

Plattentektonik ist zweifelsohne die beste geheimnisvolle Kraft, die die Erde sich bisher ausgedacht hat, noch etwas besser als Brainslugs, die Todesstrahlen von Nikola Tesla und die seltsamen Zusammenrottungen von Staub unter Möbelstücken. Nicht nur gefährdet die Plattentektonik die Existenz der europäischen Aale, die zur Fortpflanzung aus Starrsinn immer bis in die Sargassosee fahren, nein, durch die Unstetigkeit der Erdoberfläche kommen wir auch in den Genuss von so herrlichen Katastrophen wie Vulkanausbrüchen und Erdbeben. (An dieser Stelle muss das ebenfalls herrliche Wort Subduktionszone zwar genannt, aber nicht unbedingt erklärt werden.) Und es kommt *noch* besser: Die Plattentektonik hat in einer beneidenswerten Glückssträhne nicht nur Amerika, sondern auch Australien zusammengewürfelt. Wie die Doktorandin Kate Selway aus Adelaide herausfand, entstand Australien in einem gekonnten Auffahrunfall von drei Landbrocken, die voller Hoffnung ihre Verwandtschaft verliessen, um nach Australien auszuwandern, aber weil es das noch nicht gab, stellten sie sich kurzerhand selbst als Australien zur Verfügung. Und zwar vor 1,6 Milliarden Jahren, weswegen es auch keinen Polizeibericht von der Massenkarambolage gibt, denn die Polizei wurde erst deutlich nach der Plattentektonik erfunden. Schön wäre jetzt noch, wenn man zwei Platten so zusammenhauen könnte, dass dabei ein extrem grossartiges Gebirge entsteht, dem man dann vielleicht einen total albernen Namen wie, sagen wir, Himalaya geben könnte. Das wäre wirklich irgendwie toll.

*»Brainslugs« ist der Fachausdruck für die normalen Schnecken, die jeder im Kopf herumträgt.*

CHRISTIAN Y. SCHMIDT

# Abbildungsreligion Daoismus

Noch vor ein paar Jahren war die diffuse chinesische Philosophiereligion Daoismus auf dem Religionsmarkt das nächste grosse Ding. Schriftsteller wie Klabund, Alfred Döblin oder Bertolt Brecht liessen sich von daoistischen Ideen inspirieren; später entdeckten Dichter der Beat Generation und die Hippies den etwas anderen Glauben. In den 80er Jahren wurde Dao dann von der New-Age-Bewegung verwurstet; besonders den Daoismusableger Zen drehte man durch den Wolf. Seitdem malen sich vorzugsweise unterforderte Hausfrauen innen mit etwas Instant-Dao aus.

Das ist schade, denn eigentlich hat der Daoismus auch dem Popkulturinteressierten was zu bieten. Im Tempel des Shanghaier Stadtgottes Qin Yubo sticht ein Dao-Gott ins Auge, der mit Bowler-Hut und Spazierstock entfernt an Dupont oder Dupond aus Hergés Comic-Klassiker Tintin erinnert. Nach einem zweiten Dao-Gott hat sich Prodigy-Sänger Keith Flint modelliert. Mag allerdings auch sein, dass es umgekehrt war, denn »das Dao«, sagen Chinakenner auf der Homepage der Uni Bonn, »ist eine Wellenbewegung«, so dass man nicht weiss, wer hier Henne ist oder wer Ei.

Auf jeden Fall kennt der Daoismus kein Abbildungs- oder Karikaturverbot seiner Götter, im Gegenteil. Auch sonst können Selbstmordattentäter und Fahnenverbrenner vom Daoismus lernen. Das Ideal des daoistischen Weisen, so lehrt die heilige Schrift Wikipedia, sei »Gleichmut, Rückzug von weltlichen Angelegenheiten und Relativierung von Wertvorstellungen, sowie Natürlichkeit, Spontaneität und Nicht-Eingreifen«. Beherzigen Sie diese Maximen doch bitte auch beim Verfassen von Kommentaren im Internet, selbst wenn Ihnen die Grösse Ihrer Sexualorgane Kopfzerbrechen bereiten sollte.

# Nichttödliche WAFFEN

NATASCHA PODGORNIK

Es ist allgemein bekannt, dass Angehörige der Streitkräfte bisweilen umständehalber gezwungen sind, das 5. Gebot zu brechen. Weniger bekannt sind die umfangreichen Bemühungen der USA, den Beruf des Soldaten in der Ausübung lebensfreundlicher zu gestalten. Und zwar mithilfe von Non-Lethal Weapons (NLW).

NLW sind, wie jeder Krawallprofi oder -amateur mit schmerzverzerrtem, zahnluckertem Grinsen und Gebrochenem-Daumen-rauf bestätigen wird, nicht nur viel weniger tödlich als tödliche Waffen, sondern bereiten auf aktiver Seite in der Anwendung oft mehr Freude als das altmodische Zielen und Ballern mit anschliessendem Herumbluten und optionalem Gedärmesortieren. Zum allgemeinen Nutzen erdenken und entwickeln deshalb Sicherheitsspezialisten, Waffenhersteller und verrückte Wissenschaftler Möglichkeiten, den Gegner mit einer unangemeldeten Schaumparty mit schnell aushärtendem Schaum zu überraschen, ihn herrlich retro wie Spiderman mittels sogenannter *entangler* einzuwickeln oder ihn Jackass-style mit tieffrequentem Schall zur spontanen Darmentleerung zu zwingen. Teenager, die man – so geboten es oft erscheint – nicht einfach umbringen darf, werden mit nur für sie hörbaren hochfrequenten Tönen vergrämt. Exzentriker mit Hang zum Superschurkentum lassen gegnerische Fahrzeuge durch in die Strasse eingelassene Airbags umkippen

*Apparaturen wie »Teenrepel« und »Mosquito« halten englische Supermarktvorplätze teenagerfrei.*

*Das Fraunhofer-Institut arbeitet daran, nachdem man Airbags zur Abwehr von Asteroiden und Büroschlaf für untauglich befunden hat.*

oder erschrecken – einfach, genial und slightly off topic – den Anführer der feindlichen Streitmacht mit einem Hologramm zu Tode.

Produkte der NLW-Forschung kommen jedoch nicht nur im Krawall- oder Kriegsfall zum Einsatz. Weihnachtsbaumwilderer in den USA etwa machen Bekanntschaft mit einem Malodorant der Duftnote Fuchspisse, das erst bei Raumtemperatur sein volles Aroma entfaltet. Mit ähnlichen Mitteln sollen in Zukunft auch Skifahrer dazu bewegt werden, die auffällig treffend und sinnfällig benannten Pistenmarkierungen zu respektieren.

Als Mutter der modernen olfaktorischen Kriegsführung gilt »Who, me?«, ein bereits 1944 in den USA entwickelter Gestank, den französische Widerstandskämpfer mittels Zerstäuber auf deutsche Offiziere auftragen sollten, um sie zu beschämen und zu demoralisieren. Die Krauts erwiesen sich jedoch als immun.

*»Who, me?« bewährt sich im zivilen Einsatz bis heute als »U.S. Government Bathroom Malodor«, gegen den Raumdeodorants in der Testphase anstinken müssen.*

Seit 1966 beschäftigt man sich vor dem Hintergrund des Misserfolgs von »Who, me?« damit, dass die Nase andernorts möglicherweise anders laufen könnte, und erstellt Geruchsreaktionsprofile ethnischer Gruppen, um *culturally specific malodorants* zu ermitteln. Ferner denkt man bereits seit Jahren über pheromonbasierte Kampfstoffe nach, die den Gegner wahlweise für Ungeziefer und Nagetiere oder, in der Steigerung, für den eigenen Kameraden besonders attraktiv machen sollen. Man ahnt, dass (Anti-)Kriegsfilme in Zukunft nicht mehr das sein werden, was sie einmal waren.

# Gestern *oder* Vorgestern

ALEKS SCHOLZ

Geschichte ist ein seltsames Fach, weil es oft von denen betrieben wird, die den letzten Krieg gewonnen haben. Man hat sich mittlerweile daran gewöhnt, dass Amerikaner beim Anblick jeder fünfhundert Jahre alten Mauer in ekstatische Verzückung ausbrechen und aus diesem Grund selbst Heidelberg oder gar England gut finden. Man weiss, dass sie alles, was sie vor dem Zweiten Weltkrieg gebaut haben, »historic« nennen, warum auch nicht. Und man weiss, wie verbittert sie sich wünschen, eine eigene, reichhaltige, uralte, kontinentale Besiedlungsgeschichte zu haben, so wie die blöden Europäer eben. Aber bitte nicht mit irgendwelchen Wilden, und darum ist es nur konsequent, wenn lediglich 500 Jahre alte Irokesendörfer in der offiziellen amerikanischen Archäologienomenklatur nicht nur als historisch, sondern gar als prähistorisch gelten – und damit über den Ozean gerechnet auf einer Stufe mit den Höhlenmenschen landen.

*Zum Beispiel im archäologischen Museum in London/Ontario.*

Das ist ein bisschen unverschämt. »Prähistorie« bezeichnet in der Regel den Teil der Geschichte, aus dem keine schriftlichen Aufzeichnungen vorliegen. Natürlich hinterliessen die Irokesen nichts richtig Schriftliches, sie erzählten sich alles lieber am Lagerfeuer, schliesslich hatten sie nicht mal elektrischen Strom, geschweige denn Internet. Aber dafür hatten sie Langhäuser, ein schwer verständliches Wirtschaftssystem, eine »egalitäre Konsensdemokratie«, eine grossräumige Gesellschaftsordnung, eine strategische Militärplanung, eine Religion ungefähr auf dem Stand der alten Griechen und zudem das mythische Ballspiel Lacrosse, den ohne Zweifel attraktivsten Sport in Nordamerika. Haben die Neandertaler etwa Tischtennis oder etwas ähnlich Anspruchsvolles erfunden? Sie hatten ja nicht mal Tische, im Gegensatz zu den Irokesen übrigens. Also. Einigen wir uns darauf, dass die Irokesendörfer aus der prä-olympischen Lacrossezeit stammen, dann sind alle zufrieden.

*Ein bisschen ähnlich wie in der DDR, nur ganz anders.*

*Eine Art Kampffederfangball.*

KATHRIN PASSIG

# Bäckerhefen *sehen Dich an*

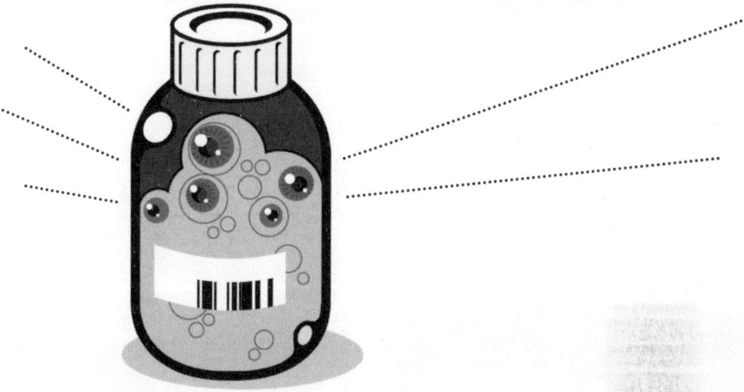

Als Anfang September 2005 in den Zeitschriften »Science« und »Nature« irgendwas Unverständliches über das anscheinend mittlerweile komplett sequenzierte Schimpansengenom erschien, ging die Meldung ihren üblichen Weg und wurde in der üblichen Reihenfolge von den üblichen Magazinen mehr oder weniger ordentlich abgeschrieben: Das menschliche Genom sei mit dem des Schimpansen zu »96%« (National Geographic) oder zu »98,7%« (3sat) oder »98,8%« (ZEIT) oder »bis zu 99%« (Spiegel), also jedenfalls zu ganz schön vielen Prozenten identisch, die Frage »was uns zu Menschen macht« aber nach wie vor ungeklärt. Wenn man bedenkt, dass das Genom von Mensch und Maus auch schon zu 98% und das von Mensch und Reis immerhin noch zu 50% übereinstimmt, dann sinkt der Nachrichtenwert dieser Meldung in etwa auf das Niveau derer, in China sei ein Sack Reisgenom umgefallen. Natürlich ist der Originalartikel von keinem normalen Leser, sei er Mensch, Maus oder Bäckerhefe (15% Übereinstimmung), zu verstehen. Aber darf man in solchen Fällen einfach irgendwelchen Quark (3,5%) in sein Wissenschaftsfeuilleton schreiben? Schon im eigenen Interesse meinen wir von ganzem Herzen: Ja!

•GEHEIME WAFFENSIMULATION

LUKAS IMHOF

# der FASIP

Es ist immer tragisch, zu sehen, wenn mit viel Aufwand erstellte, analoge Dinge während der Bauphase bereits digital überholt werden. So war es mit der neuen Zürcher Börse, die nach ihrer Fertigstellung gar nicht erst in Betrieb genommen wurde, weil der klassische Börsenring durch den digitalen Aktienhandel ersetzt war und ganz ähnlich ging es dem FASIP der Schweizer Armee.

Der Fahrsimulator Panzerhaubitze ist irgendwo zwischen Zinnsoldat und Counterstrike anzusiedeln, er entstand am Übergang von analoger zu digitaler Kriegssimulation, und es war bei Inbetriebnahme bereits klar, dass Computersimulationen in kürzester Zeit Besseres leisten würden. Doch da war es natürlich zu spät, die ca. 9 auf 3 Meter grosse Landschaft im Massstab 1:300 war da schon gebaut und ein Tastschuh mit Minikamera darüber aufgehängt. Dieser übertrug die Geländeform auf eine hydraulisch bewegte Fahrerkabine und lieferte Bilder dazu.

Nach Zeugenaussagen war die ganze Sache unbrauchbar: die Übertragung unscharf und verwackelt, das Fahrverhalten unrealistisch, die Kabine schüttelte wild und mancher Fahrer wurde seekrank, und das bei Kosten in Millionenhöhe.

Konstruktionsbedingt konnte auf dem Geländemodell immer nur ein einziger Panzer verkehren, so dass man nicht nur einen, sondern zwei FASIPs baute, damit dereinst, beim Abschluss der zweiten Bauetappe des Ausbildungszentrums Ost (2001), auch genügend FASIPs zur Verfügung stehen würden.

2001 allerdings lieferte längst jeder Heimrechner eine realistischere Simulation einer Panzerfahrt. Der FASIP war ausser einer Manifestierung des helvetischen Selbstverständnisses – es gibt Wälder, es gibt Felder, es gibt Dörfer und einen Pass, aber Städte fehlen völlig – längst nur noch rührend, um nicht zu sagen lächerlich. Dies umso mehr, als das simulierte Gerät, die Panzerhaubitze m109, damals bereits 40 Jahre alt war und vom Vietnam- bis hin zum Golfkrieg ganz unberührt seinen Dienst tat.

Die Schweizer Armee scheint diese Gefahr erkannt zu haben und hat alle Spuren des FASIP getilgt. Ausser in einem Zeitungsartikel (und in der Riesenmaschine) gibt es keine Bilder im Netz, und auf den Seiten der Schweizerischen Armee nur den Hinweis »gewisse Ersatzteile seien nicht mehr lieferbar«.

# 7 Supertiere

KATHRIN PASSIG

Fälschlich wird die Natur oft für unfehlbar gehalten. Dabei bringt sie auch nur Produkte hervor, nach denen im günstigsten Fall Nachfrage herrscht, meist aber eher nicht. So entstehen Intestinalparasiten, eine Vielzahl gleichförmiger Huftiere und die in Australien grassierenden Tierplagiate, aber eben auch manchmal einfach so, scheinbar aus dem Schlamm, echte Supertiere. Was macht so ein Supertier aus? »I know it when I see it«, erklärte 1964 der US-Richter Potter Stewart. Der heutige Forschungsstand erlaubt uns eine klarere Definition.

**Tiere sind dann super, wenn sie:**

- viel grösser sind als andere Tiere.
- Superfähigkeiten haben, insbesondere etwas können, was dem Menschen verwehrt bleibt.
- schon ausgestorben waren oder als ausgestorben galten, dann aber von den Toten zurückgekehrt sind (»Lazarus-Effekt«).
- ganz neu sind.
- zwei oder mehr an sich gebräuchliche Features auf neue und seltene Weise kombinieren (»Galaxie-Gesims-Konzept«). Noch besser ist das Vereinen zweier Supertiere in einem Supersupertier wie dem Vizcacha.
- demonstrieren, dass ein vom Menschen bislang für unentbehrlich gehaltenes Organ in Wirklichkeit überflüssiger Zierrat ist (Beine bei der Blindschleiche, Blinddarm beim Siebenschläfer, Organe generell beim Schwamm).
- Nagetiere sind.
- keins der genannten Kriterien erfüllen, diesen Mangel aber durch einen überzeugenden Namen wettmachen (»Schlammpeitzger-Prinzip«).

 • **SO GEHT'S**: Red Bull koffeinfrei

Ein besonders konsequenter Lebensentwurf wie bei der Napfschnecke fällt dabei unter die Sekundärtugenden und kann in eine Supertierwertung nicht einfliessen. Im Altertum pflegte man Supertiermerkmale in deren Abwesenheit einfach zu erfinden, so schreibt etwa Archelaos über den Ziegenbock, er atme durch die Ohren, und Plinius zufolge lebt das Chamäleon als einziges Tier »nicht von Speise und Trank, sondern nur von der Luft«. Heute, wo jeder Leser einfach ein Chamäleon oder einen Ziegenbock zur Hand nehmen und selbst nachsehen kann, sind der Supertierberichterstattung engere Grenzen gesetzt. Aber lohnt es sich überhaupt, regelmässig über Supertiere zu berichten? Ist nicht längst alles Entdeckbare aufgestöbert, erforscht und patentiert? So denkt der Laie, jedoch der Fachmann weiss, dass pro Jahr 15.000 bis 20.000 neue Tiere unter Steinen hervorkriechen. Von geschätzten fünf bis dreizehn oder auch fünfzig Millionen existierenden Arten sind bisher noch nicht einmal zwei Millionen benannt und angemessen beschrieben. Und wenn spätestens im Jahr 4407 alle vorhandenen Arten erkannt sind, wird man sich immer noch einzelnen Individuen widmen müssen, die sich ja charakterlich durchaus vorteilhaft vom Rest ihrer Art unterscheiden können. Problematisch ist dabei höchstens, dass kleine Tiere aus verschiedenen naheliegenden Gründen später als grosse Tiere entdeckt werden und die Supertiere der Zukunft womöglich – dem Trend von der Megafauna zur Nanofauna folgend – sehr klein sind. Zeitgleiche Fortschritte auf dem Digitalkameramarkt werden aber dafür sorgen, dass die Riesenmaschine ihren Supertierdokumentationspflichten auch noch im Sub-Hausstaubmilbenbereich nachkommen kann. Wenn dann das kleinste Nagetier der Welt über den Objektträger schwimmt, stehen wir mit einem Nanofutterhäuschen bereit.

KAI SCHREIBER

# Der Walzahn des Zahnwals

Von ungezählten Dingen weiss man, dass man sie nicht weiss. Die Anzahl der Dinge, von denen man weiss, dass man sie nicht weiss, soll mal als verwickeltes Beispiel dienen. Das ist nicht weiter schlimm, denn wenn man weiss, dass man etwas nicht weiss, fragt man einfach Google, fertig. Schwieriger wird's, wenn man nicht weiss, was man nicht weiss. Diese Sorte Nichtwissen ist leider eine offene Tür für heftige Überraschungen. Wir zum Beispiel hatten bis vor Kurzem keine Ahnung, dass wir nicht nur nicht wussten, dass der Narwal einen einseitigen, zweieinhalb Meter langen Stosszahn spazieren trägt, sondern auch, dass nicht nur wir sondern überhaupt alle Menschen völlig im Dunkeln tappen, was den Zweck dieses Zahns im Gefüge der Dinge und Geschöpfe angeht. Es schwindelt einem. Das Schöne aber an solcher Metaunkenntnis ist, dass in dem Moment, in dem man von einer Wissenslücke erfährt, sie sich auch schon wieder mit einem leisen Schmatzen schliessen fühlt. Der Narwalzahn nämlich, so fand ein Zahnmediziner mit dem lustigen Namen Nweeia im Dezember 2005 heraus, ist ein Sinnesorgan. Warum der Narwal einen Fühlzahn hat, weiss dann freilich wieder keiner. Müsste man wohl mal googeln.

# Spechte raus!

TEX RUBINOWITZ

Während man in unseren Breiten gerade mal froh darüber ist, dass endlich ein einheitliches Rauchverbot für öffentliche Verkehrsmittel durchgesetzt werden konnte, ist man in Taiwan bereits etwas weiter. Seit November diesen Jahres gilt es nun endlich, das totale Vogelmitfahrverbot in allen Bussen Taipeis. Stellvertretend für alle Piepmatze, Rallen wie Schnäpperartige, Ruderfüsser wie Schwalme weist das Verbotsschild dezidiert auf zwei ganz besonders verhaltensauffällige Kollegen hin, die Ente und den Specht. Schluss mit uninteressantem Geschnatter, den bürzelbedingt eingefetteten Sitzen, Schluss auch mit dem nervtötenden Geklopfe und Gehacke in den Bussen. Denn das ist es doch letztlich, warum wir alle lieber im Taxi weinen als im Bus.

# Haustiertrends
## *durch die Jahrhunderte*

SASCHA LOBO

Um 1850 spazierte Gérard de Nerval in Paris herum und hatte als Haustier einen Hummer an der Leine, weil Hummer »friedliche, ernste Geschöpfe« seien, die »die Geheimnisse der Tiefe kennen und nicht bellen«. Er erfand damit das ungewöhnliche Haustier als urbane Lifestyle-Disziplin, wenigstens aber den Haustierhoax. Sicher wahr ist dagegen die 1869er-Todesanzeige des Hauswombats von Dante Gabriel Rossetti. Knapp einhundert Jahre später kochte Dalí den städtischen Haustiertrend mit Hilfe eines durch die Metro geführten Ameisenbärs hoch und inzwischen gibt es Internetseiten, die frettchen-fun.de heissen.

*Das ist längst widerlegt.*

*Also die Hummernummer, nicht das Herumspazieren.*

Das liegt am grossen Haustiertrend des 20. Jahrhunderts: der Demokratisierung des exzentrischen Spezialhaustiers. Ein Haustierforum teilt sich heute in die Rubriken Streifenhörnchen, Chinchillas, Frettchen, Kaninchen und sonstige Heimtiere – der Haustierhalter in den Nuller Jahren wird mit Hund oder Katze nicht nur nicht ernst

*Ratten, Meerschweinchen, Lemminge, Fische und andere.*

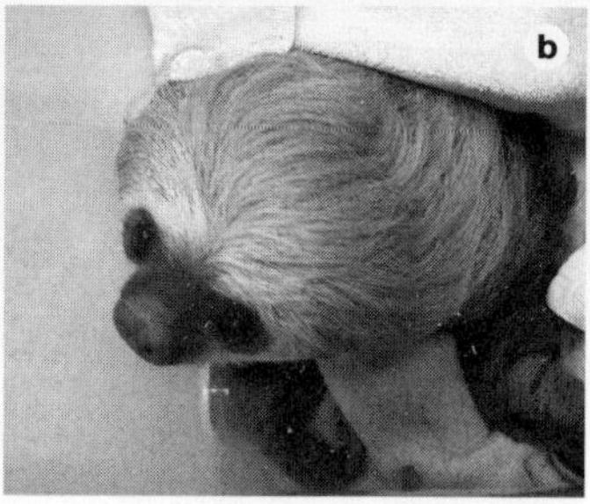

Chinchilla (a), Mauersegler (b), Axolotl (c) – Welches Tier würde die Reihe logisch ergänzen?

genommen, sondern so gerade eben nicht ignoriert. Die Gazettengazelle Paris Hilton hält sich einen Wickelbär, kackt damit aber deutlich gegen den Flughund einer Berliner Hundefriseuse ab. Ein Leguan gilt als Standard, ebenso Stadtbienen. Die »IG Minischwein« ist ein eingetragener Lobbyverein. Halter von Tausendfüsslern tauschen Futterrezepte aus. Und das Zwergpony hat sogar schon eine eigene Liebhaberschar im Ficksinne des Wortes.

*»Schar« ist vielleicht etwas steil behauptet, es wurde halt schon mal jemand »in eindeutiger Pose« erwischt.*

Been there, done that. Wie sich qua Haustier aber im 21. Jahrhundert angemessen von der frettchenfütternden Masse abheben, nachdem Versuche elektronischer Haustierimitate sich nicht so recht durchsetzen konnten? Keine befriedigende Lösung bietet der Hautpilz, der zwar anschmiegsam, streichelfreudig und genügsam im Unterhalt ist, den aber auch schon 20 Millionen Menschen allein in Deutschland hegen und pflegen. Nein, die Zukunft der persönlichkeitsbildenden Haustierhaltung muss woanders liegen. Eventuell im Axolotl.

KATHRIN PASSIG

# Vom Segen der Marktforschung

Als das Moeritherium (1) innerhalb einer Fokusgruppe einem repräsentativen Testpanel zur qualitativen Evaluation vorgestellt wurde, musste die Entwicklungsabteilung herbe Kritik einstecken. »Zu lang« sei das neue Tier und auch irgendwie »nicht niedlich genug«, es fehle an »Features« und ein Alleinstellungsmerkmal sei auch nicht so richtig zu erkennen. Ein Moeritherium-Moratorium wurde beschlossen, die Entwicklungsabteilung zog sich wieder an den Rechner zurück und morphte ein wenig am Tier herum, denn noch mal ganz von vorne anfangen mochte man auch nicht. Das Ergebnis (2) gefiel der Zielgruppe schon besser, es wurde nur allgemein als zu klein empfunden. Keine Sorge, es handle sich natürlich nur um ein massstabsgerecht verkleinertes Modell, das fertige Tier werde die Konkurrenz grössenmässig, aber hallo. So versicherte die Projektleitung, und das Ergebnis wurde dann auch wirklich ein ziemlicher Markterfolg.

# Teuflische Ameisen

ALEKS SCHOLZ

Grundsätzlich gibt es zwei Sorten von Lebewesen: Die Biberartigen kann man hinbringen, wo man will, sie werden sofort anfangen, alles umzubauen – Vorgärten anlegen, Flüsse begradigen, Gardinen aufhängen, Tiere domestizieren. Den Rattenartigen ist es völlig egal, in welchem Dreckloch sie wohnen, denn für sie gibt es nur vier wichtige Dinge im Leben. Bei der Bewertung dieser verschiedenen Überlebensstrategien wurde bisher oft argumentiert, dass Ratten im Gegensatz zu Bibern noch nie und nirgendwo vom Aussterben bedroht waren, was vielleicht irgendwas zu bedeuten hat. Den Gegenbeweis liefern ausgerechnet Ameisen, die man wohl kaum als Survival-Schwächlinge bezeichnen kann. In den »Teufelsgärten« im amazonischen Regenwald wächst wegen irgendwelcher Dschungeldämonen nur eine einzige Sorte Baum. Bei diesen Dämonen handelt es sich um *Myrmelachista schumanni*, eine Ameisenart, die mit ihrem hauseigenen Herbizid alle anderen Pflanzen vergiftet, bis nur noch die Bäume übrig sind, in denen sie wohnen wollen. Das ist eine ziemlich brutale Variante der Weltveränderung, in ihrer Unverfrorenheit eigentlich nur vergleichbar mit der kommunistischen Weltrevolution oder dem British Empire. Weltveränderung muss also nicht zwangsläufig die Arterhaltung bedrohen. Um den Überblick zu behalten, unterteilen wir hiermit die Biberartigen in ameisenartige und nicht-ameisenartige Biberartige. Beide sind wesensverwandt und verfolgen letztlich ähnliche Ziele, aber während die nicht-ameisenartigen ruhig und unermüdlich ihren Schrebergarten umgraben und Rassekaninchen züchten, gehen die ameisenartigen Biberartigen für ihr Hobby über Leichen. Es ist nicht unsere Aufgabe, moralisch über irgendeine Lebensweise zu richten, denn wer noch nie eine Ameise zertreten hat, weil sie das Lebensgefühl störte, der werfe den ersten Stein. Vorsichtig.

*Essen, Fortpflanzung, Essen und Fortpflanzung.*

*Nachzulesen in »Nature«, 2005, Vol. 237, S. 495.*

*Dies sagen zumindest die Experten vom »Gordon Lab«, einer Forschungseinrichtung der Stanford University.*

DANIEL HIRSCH

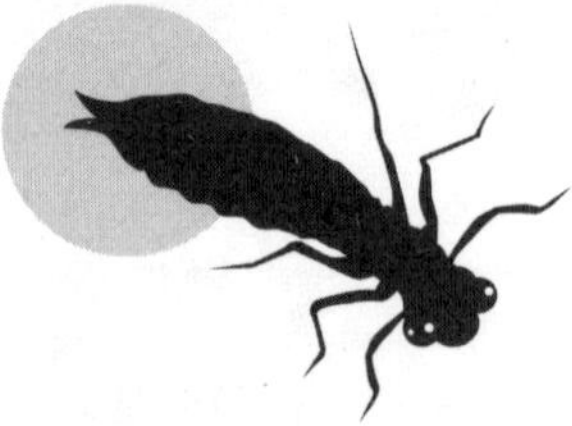

# FORTSCHRITT aus dem Tümpel

Man könnte meinen, Schimpansen hätten gegenüber Menschen einen wesentlichen Vorteil, da sie gleichzeitig atmen und schlucken können. Der Nachteil daran ist nur, dass sie rein anatomisch nicht in der Lage sind, sich deutlich zu artikulieren, weswegen man sie auch nicht in der evolutiven Führungsetage auffindet. Dort sitzt bekanntlich Homo sapiens sapiens, welcher sich selbst zur Krone der Schöpfung ernannt hat und seither anatomische Verbesserungsvorschläge aus der Natur ablehnt.

Andere Lebewesen hingegen zeigen sich nicht derart uneinsichtig und sind offen gegenüber neuen Technologien, die ihnen der Zufall so anbietet. Ein besonders fortschrittliches Beispiel stellt die Larve der Anisoptera dar. Dieses aquatische Insekt besitzt Kiemen im Enddarm und hat den Part der Atmung einfach ins Rectum umgesiedelt. Mit der einen Seite wird beherzt der ein oder andere Wasserfloh gerissen, während sich das Hinterteil in Ruhe mit der Sauerstoffaufnahme beschäftigen kann. Der Schimpanse blickt neidisch auf das ihm bisher vorenthaltene Update, und auch dem Menschen würde diese Art der Dezentralisierung des Metabolismus immense Vorteile bringen. Endlich würden wichtige Meetings nicht mehr durch nervtötendes Luftholen unnötig in die Länge gezogen, und aufwendig zurechtgelegte Cliffhanger vor den Atempausen gehörten der Vergangenheit an. Das offensichtlich vom Dudelsack inspirierte Prinzip könnte auch die Nahrungsaufnahme schlanker und die Arbeit somit effizienter gestalten. Durch unsere narzisstische Verblendung jedoch wird dieses Erfolgsmodell niemals seinen Weg in den menschlichen Phänotypen meistern, weshalb die Grosslibellenlarven uns in 100 Millionen Jahren wahrscheinlich sämtliche Arbeitsplätze wegschnappen werden.

*Grosslibellen.*

TEX RUBINOWITZ

# Vier entkontextualisierte Tiere

Wenn Tiere aus einem angestammten, von ihnen abgesteckten und mit ihnen abgesprochenen Biotop in ein anderes, nicht zooeskes verpflanzt werden, kann das beim Betrachter für Heiterkeit sorgen, aber auch für Sorgen. Der Victoria-Barsch beispielsweise ist so ein Kollege. Irgendwann wurde er im Victoriasee ausgesetzt, frass dort alle seine Onkel und Tanten auf und installierte ein monokulturelles Königreich. Der Fisch wird industriell geerntet, noch vor Ort verarbeitet und mehrfach täglich, ohne dass der Einheimische davon etwas abbekommt, nach Europa transportiert, mit riesigen Frachtflugzeugen, die nicht leer zurückfliegen, sondern mit Waffen – das ist bekannt aus dem spekulativen Film »Darwin's Nightmare« des unsympathischen Regisseurs Hubert Sauper.

Auch bekannt sein dürfte mittlerweile, dass allsommerlich massenhaft Quallen in Baggerseen, aber auch in der schönen braunen Donau auftauchen. Sie wurden bekanntermassen von Vögeln dort ausgesetzt, ganz im Gegensatz zu den Guppys von Moskau, die offenbar müde Aquariumsbesitzer in der Moskwa ausgebracht haben.

Woher aber die nur in der Vorarlberger Kleingemeinde Röns alljährlich stattfindende Tausendfüsslerinvasion stammt, weiss weder Qualle, Guppy noch Mensch. Immerhin hat man jetzt nach jahrelanger Suche ein Mittel gefunden, um ihrer Herr zu werden. Ein für Quallen, Guppys und Menschen ungiftiges Pulver, das den Chitinpanzer der Schnurfüssler zerraspelt und sie so verdorren lässt. Besser zumindest, als sie gegen Waffen einzutauschen.

# Undicht und nützlich

ROLAND KRAUSE

Die Lieblingsvögel der meisten Menschen sind bunt, handlich und ob ihrer Unbeholfenheit vermeintlich putzig. Üblicherweise sind ihre Nistbäume nicht durch ihr vorzeitiges Absterben zu erkennen. Sollte sich jemand bei der Lieblingsvogelwahl so weit vorgewagt haben, dass der Kormoran trotzdem berücksichtigt wird, wird spätestens zurückgerudert, wenn man die Menge der verputzten Fische in die Waagschale wirft.

Dabei umgibt den Kormoran ein subtiler Humor, den kein Kanarienvogel, Wiedehopf oder Specht je erreichen kann. Schwimmend liegt der Vogel so tief im Wasser, als ginge er bald unter, und das Fehlen eines wasserdichten Federkleides erzwingt, dass nach einigen Tauchgängen das Gefieder getrocknet werden muss. Dieses für einen Wasservogel erniedrigende Prozedere wird zwangsläufig durch Fischkonsum überkompensiert. Doch während die Kollegen die gefressenen Fische nach metabolischer Verwertung unbrauchbar über die Landschaft verteilen, häufen die Kormorane ihren Abfall verantwortungsvoll zu Guano-Lagern an. Dieser wichtige Grundstoff für Dünger bescherte dem Inselstaat Nauru lange Zeit das höchste Pro-Kopf-Einkommen der Welt.

Und falls der Vorwurf der fehlenden Nützlichkeit noch immer nicht entkräftet ist, sei angemerkt, dass Kormorane zwar nicht essbar sind, aber in China erfolgreich zur Fischjagd abgerichtet werden. Ausserdem ist der Kormoran ein idealer Zeitvertreib: Man kann ihm stundenlang zusehen, denn kaum hat man ihn schwimmend auf einem Gewässer entdeckt, setzt er sicher bereits zum nächsten Tauchgang an, worauf man ihn wieder aus den Augen verliert. Nie wieder Enten füttern!

*Die Wikipedia-Einträge zu Nauru und Guano seien jedem ans Herz gelegt. Kormorane sowieso.*

ALEKS SCHOLZ

# David *gegen* Goliath

Einerseits, Bakterie, ist es äusserst löblich, dass du dich neuerdings flexibel genug zeigst und nicht nur Giftmüll vernichtest und Elektrizität produzierst, sondern auch Styroporbecher aufisst und somit praktisch auf einen Schlag alle drei drängenden Probleme löst, mit denen wir uns die letzten Jahre so rumquälten. Andererseits müssen wir von deinem Angriff auf unsere Därme lesen, der in Amerika offenbar schon auf vollen Touren läuft und nun auch in Europa fortgesetzt werden soll. Wir würden das gern als Versehen oder Ausrutscher interpretieren, wüssten wir nicht, dass du im Rahmen anderer »Versehen« (zum Beispiel Pest und Cholera) eine leichte Neigung zum Genozid offenbart hast. Wir sind daher noch unschlüssig, ob wir die Weltrettung oder -zerstörung durch Bakterien ankündigen sollen. Ein Rat, kleines dummes Ding: Zusammen, in einer Achse Mensch-Bakterium, könnten wir den ganzen anderen Biologieschrott und auch diese anorganischen Schweine da draussen ziemlich hart rannehmen. Wir machen gemeinsame Sache und teilen hinterher. Stellst du dich aber quer, dann wirst du es viel schwerer haben, denn schliesslich sind wir viel grösser und klüger, und wir müssten dann mit diesem Antibiotikazeug (du erinnerst dich, man stirbt davon) etwas grosszügiger umgehen. Vielleicht noch mal drüber nachdenken, bevor du weitere Dummheiten anstellst.

*Herausgefunden wurde das von Charles Millikan und Harold May, Medical University of South Carolina.*

*Und zwar gleichzeitig, zum Beispiel die Spezies Desulfitobacteria.*

*Genaugenommen die Spezies Pseudomonas putida.*

*Vom Angriff des Bakteriums auf unsere Därme war z.B. zu lesen in der Berliner Zeitung im März 2006.*

# Flieg, Kiwi, flieg

KATHRIN PASSIG

Flugunfähige Vögel, was hat sich die Evolution dabei nur gedacht? Schon als vor 1.600 Jahren die Moa-Nalos dran glauben mussten, hätte man merken können, dass Vögel wahrscheinlich nicht nur zu rein dekorativen Zwecken herumfliegen. Im frühen 16. Jahrhundert wurden die St.-Helena-Ralle und das St.-Helena-Sumpfhuhn aufgegessen, spätestens 1650 gab es keine Mauritius-Papageien mehr, 1681 erschlug ein spanischer Conquistador die letzte Dronte, schon vor 1700 war es aus mit der Mauritius-Ralle, vermutlich vor 1760 mit dem Rodrigues-Solitär, 1761 war Leguats Sumpfhuhn ausgerottet, irgendwann im 19. Jahrhundert starb das letzte Kosrae-Sumpfhuhn und Ende des 19. Jahrhunderts der Stephenschlüpfer. Es gibt noch 86 Kakapos, ein paar Kagus, etwa 1.500 Galapagosscharben, 200 Waldrallen, 221 Takahes, und jetzt ist der Kiwi dran, von dem es einstmals 12 Millionen gab. 1987 biss ein einziger Hund 500 der 900 Kiwis im Waitangi State Forest tot, Kiwis werden von Wieseln gefressen, treten in Opossumfallen, fressen Rattengift, stolpern in Swimmingpools oder werden überfahren. Auch wenn man die Evolution in ihren sinnlosen und grausamen Experimenten (was kommt als Nächstes, Katzen ohne Beine? Schwimmunfähige Fische?) nicht unterstützen sollte, kann man vielleicht darüber nachdenken, die von Sascha Lobo aufgeworfene Trendhaustierfrage (siehe S.98) mit der Anschaffung eines Kiwis zu beantworten. Zwar ist der Kiwi nachtaktiv und völlig unsozial, aber wer ist das nicht; ausserdem ist er pflegeleichter als viele andere Nationaltiere (Löwe, Adler, Biber) und kann im Unterschied zu den meisten Haustieren mit Nasenlöchern an der Schnabelspitze und dem bei Vögeln eher seltenen Schnurrhaarfeature glänzen. Vielleicht braucht er nur individuelle, frühkindliche Förderung, damit er das mit dem Fliegen doch noch lernt. Wir haben es ja schliesslich auch geschafft.

# Mehr über Nagetiere

ALEKS SCHOLZ

Nagetiere sind schon seit vielen Jahrtausenden die Schutzpatrone der Riesenmaschine. In regelmässigen Abständen muss, so der Brauch, über sie berichtet werden, um ihre Eitelkeit zu befriedigen, und zwar in ekelhaft opportunistischem Tonfall, sonst wird der Fluch der Nager usw., das kennt man ja und das wollen wir nicht. Diesmal geht es einmal nicht um Biber oder Bilche, sondern um eine Art Meerschweinchen aus der Familie der Chinchillas: das Vizcacha.

*Lat. Lagostomus maximus.*

Es hat die Ohren und die Figur eines Hasen, aber den Schwanz und die Körperhaltung eines Eichhörnchens, und dies alles noch in einer derart praktischen Grösse, dass man nicht immer Angst haben muss, es beim Kosen zu zerquetschen. Man muss klar anerkennen, dass die Idee, ein Tier von der Grösse eines Hundes herzustellen, das alle Vorzüge von Hase und Eichhörnchen vereint, einer der herausragendsten und einmaligsten, ja, unbeschreiblich grossartigsten (man muss hier etwas übertreiben, wir bitten um Verzeihung) Einfälle in der Geschichte der Einfälle war. Wir können uns keine Droge vorstellen, naja, ehrlich gesagt fast keine, die uns zu einer solch phantastischen Erfindung, so, das muss jetzt aber reichen, Freunde.

Das Vizcacha, eigentlich gesellig, lebt zurückgezogen in den Wüsten Südamerikas, und zwar notgedrungen in Gesellschaft von Schlangen, Eidechsen und Eulen, nur um nicht an Vereinsamung zu sterben. Deshalb, und gerade weil es ein Nagetier ist, sei an dieser Stelle zu mitleidsvoller Andacht aufgerufen. Ausserdem verlangen sie es von uns.

# Die neuen Frühjahrstiere sind da

MICHAEL BRAKE

Immer wenn mal wieder eine neue Studie zum Klimawandel vorliegt, ist das Gejammer gross. Bald sei es alles unumkehrbar, heisst es, und egal wo man hinschaue, überall drohten irreparable Umweltschäden. Vor allem die Tierwelt wird gern als Gradmesser genommen (mit Pilzen argumentiert natürlich mal wieder keiner), so soll es beispielsweise in absehbarer Zeit fast keine Korallen mehr geben, und auch für Eisbären und Robben sieht es ganz düster aus.

Panikmache! Erdacht von rückwärtsgewandten Forschern, die nur den Status quo als ökologisches Gleichgewicht akzeptieren und nicht in angemessenen zeitlichen Massstäben zu denken imstande sind. Als wenn die Evolution eine Entwicklung mit Endpunkt wäre, der zufällig jetzt erreicht ist. Lächerlich, die Natur hat schliesslich schon ganz andere Probleme gemeistert. Man muss ihnen nur ein wenig Zeit zum Mutieren geben, dann werden sich Tiere, Pflanzen, Pilze und Protisten schon auf die neuen Bedingungen einstellen.

Und es läuft ja schon gut: Eine nach Australien verschleppte Krötenart hat nur achtzig Jahre gebraucht, um längere Beine zu entwickeln, andere Tiere lernen bereits eifrig neue Tricks, und überhaupt werden in immer kürzeren Abständen neue Arten entdeckt. So fand man innerhalb eines kurzen Zeitraums einen blinden, weissbepelzten Krebs im Südpazifik, eine bizarre Spinne und eine neue Wieselmakiart auf Madagaskar und gleich eine Wundertüte voll mit neuen Fröschen, Schmetterlingen und dem Honigfresser-Vogel in Neuguinea.

*Wäre das hier das Internet, könnte man einen Film sehen, in dem ein Belugawal ringförmige Luftblasen macht.*

▲ Ein scheuer Wieselmaki (neu).

▲ Vogel privat.

▼ Symbolbild *abgefahrenes Insekt.*

Schöne neue Tiere, mag mancher einwenden, aber die gibt es doch sicherlich schon länger und sie hatten sich halt bis jetzt erfolgreich unter irgendwelchen Steinen oder zwischen irgendwelchen Blättern versteckt. Das ist zwar nicht ganz auszuschliessen, doch eine weitere Entdeckung lässt auch Zweifler verstummen: Deutsche Forscher haben nämlich bei Labormäusen einen zweiten Thymus gefunden, und mal im Ernst, wenn irgendein Tier erforscht ist, dann ja wohl die Labormaus. Den zweiten Thymus gab es früher einfach nicht, so sieht's doch aus.

Die Evolution ist also auf einem guten Weg. Bald, wenn sie erst mal in Schwung ist, wird es dann Blogs geben, die sich ausschliesslich den neuesten Tieren widmen, und keiner wird mehr an Eisbären, Gnus oder Elefanten denken. Alles wird gut.

ALEKS SCHOLZ

# Stirb, Tier

Tiere sind, das vergisst man oft, die grössten Feinde des Menschen. Nichts ist besser geeignet, diese These zu belegen, als »Bitten« von Pamela Nagami (2004, St. Martin's Press), eine hyperinformative Sammlung von medizinischen Fallstudien über Tierbisse und -stiche. Die traurige Schlussfolgerung: Alle Tiere, ausnahmslos alle, sind grausame Monster. Wir wussten, dass Ratten gemein sind, aber muss man unbedingt Leprakranken die Zehen abfressen? Wir ahnten etwas von giftigen Schlangen, aber mehrere Tausend Tote pro Jahr? Vom Komodowaran hört man Grauenvolles, aber muss er zusätzlich 57 Krankheitserreger im Mund herumtragen? Wieso müssen Kegelschnecken harmlose Menschen mit hochgiftigen Harpunenzähnen erdolchen? Was bringt den Knochenhecht dazu, aus dem Meer zu springen und arglose Angler zu erstechen? Warum? Das ist kein Spass mehr, Freunde, und es hilft euch auch nicht, dass ihr euch untereinander nicht besser benehmt: Eine brasilianische Fliegenart etwa legt ihre Larven in die Körper von Feuerameisen. Wenn die Larve schlüpft, »borgt« sie sich den Kopf der Ameise und setzt dort Enzyme frei, die zum Abfallen des Kopfes führen. Das geht nicht, Leute, so nicht. Da liest man von einer Asselart, die zuerst die Zunge eines bestimmten Fisches isst, um dann selbst die Rolle der Fischzunge zu übernehmen. Das ist so pervers, dass Auto-Tuning im Vergleich dazu wie eine harmlose Schrulle aussieht. Nein, all das muss weg, Hechte und Hähne, Makaken und Moskitos, Frettchen und Fiebererreger, Hund, Katze, Pferde natürlich, ach. Zecken, Spinnen! Quallen, formlose Killer, weg damit. Kamele, Todesmaschinen, alles weg. Ein blutiger Kampf steht uns bevor, aber sie lassen uns keine Wahl; vernichten muss man sie, diese Tiere, wofür haben wir diese ganzen Bomben denn gebaut, ausrotten, mit Stumpf und, ähm, Beinen, ein für allemal. Naja, Eichhörnchen könnte man eventuell begnadigen.

*Genauer: Cymothoa exigua.*

*Beim Opfer handelt es sich um den »Roten Schnapper«.*

TEX RUBINOWITZ

# Der *Frostschutz*-frosch

Viele der jüngeren RiesenmaschineleserInnen werden sich nicht mehr an den Glykolwein-Skandal erinnern, weil sie damals nur Muttermilch oder Alcopops getrunken haben statt mit Frostschutzmittel gestreckten Wein, was unseres Erachtens im Falle der Alcopops aufs Gleiche rausläuft, und wonach sich Wenedikt Jerofejew mit Sicherheit die Lippen geleckt hätte, nachdem er den überflüssigen Wein weggeschüttet hätte.

*Autor von Die Reise nach Petuschki.*

Der bis zum Polarkreis vorkommende Waldfrosch hingegen braucht kein österreichisches Frostschutzmittel, weil er sein eigenes produziert, er uriniert nämlich während der Winterstarre so gut wie gar nicht, weswegen sich in seinem Blut eine 50-mal höhere Harnstoffkonzentration aufbaut als in der wärmeren Zeit. Was bei anderen Lebewesen gesundheitsbedrohend ist, weil erhöhte Harnstoffwerte zelluläre Komponenten zerstören, reduziert beim Frosch den Wasseranteil und die Stoffwechselaktivität anderer Organe, z.B. der Leber und Muskeln. Der Igel hingegen sucht sich jetzt in der kühleren Jahreszeit einen behaglichen Bau mit Internetanschluss, dämmert so vor sich hin, hat aber froschtechnisch seinen Metabolismus nicht so im Griff, so dass es schon mal vorkommt, dass unser stacheliger Freund in einem kleinen unerfreulichen See aufwacht, wenn er keine Klingelhose trägt.

# Der Vogel, die Vögel, das Ungeziefer

ALEKS SCHOLZ

Auch wenn wir glauben, die Geschichte der letzten dreissig Jahre wäre die Geschichte von irgendwas ganz anderem, so ist es doch in Wahrheit die Geschichte des Double-Crested Cormorants. 1973 gab es von diesem schwarzen Kormoran ganze 125 Paare an den kanadischen Küsten der Grossen Seen. Sie waren praktisch dort, wo das Riesenfaultier schon lange ist, nämlich ausgestorben, und zwar weil wir sie gründlich mit DDT eingeseift hatten. Kaum stellten wir das ein und sie unter Naturschutz, schlugen sie zurück. Heute sind sie überall, ungefähr 38.000 Paare sitzen in Häfen und auf Molen herum und spreizen die Flügel, um »das Gefieder zu trocknen«, wie sie sagen. In Toronto gibt es mittlerweile mehr Kormorane als Deutsche. Das liegt vor allem daran, dass man ihnen eine eigene Schutthalbinsel mitten in den See gekippt hat und so natürliche Feinde (Strassen, Waschbären) fernhält. Extrapoliert man gründlich in die Zukunft (wohin auch sonst), kann man, ach, das soll sich jeder selbst ausrechnen.

*Auf Deutsch übrigens »Vielfrass«.*

*Phalacrocorax auritus, noch nicht mal einen deutschen Namen hat er.*

*Read: betteln und hausieren.*

Leider ist der Kormoran zu überhaupt gar nichts nütze. Er verbringt seine Zeit damit, auf die Bäume zu scheissen, auf denen er wohnt, damit sie für niemanden mehr brauchbar sind. Das Resultat: Zivili-

▲ »And how long have you been into birding?«

sierte Vögel wie Reiher reissen angewidert aus, die Kormoranhalbinsel sieht aus wie Tschernobyl. Zudem frisst der Kormoran natürlich den gesamten Fisch auf. Nicht mal kochen kann man ihn, sagen selbst die Leute in Chinatown, die ansonsten alles kochen. Das Einzige, was der Kormoran kann, ist sich fortpflanzen, herumsitzen, das Gefieder spreizen, nutzlos herumstarren, Fisch essen und sich danach wieder fortpflanzen. Vermutlich wird man ihnen bald erklären müssen, was wir damals mit den Dinosauriern gemacht haben. Geht aber nicht, ist doch nur ein armer Vogel.

*Manche sagen, es sei nur der unnütze Fisch, was auch ins Konzept passt – you are what you eat.*

# 8 Berlin

LUKAS IMHOF

Ludwig Mies van der Rohe kehrte 1965 nach Berlin zurück, und seine Rückkehr hatte den Charakter eines Triumphzuges. Er war 1938 vor den Nazis nach Amerika geflohen, wo er zu einem der wichtigsten Architekten des vergangenen Jahrhunderts wurde. Erst als ihm der Bau der Nationalgalerie in Berlin angeboten wurde, nahm er überhaupt wieder einen Auftrag aus Deutschland an.

*Die einen sagen so, die anderen so. Es wird gelegentlich behauptet, Mies van der Rohe sei nicht vor den Nazis geflohen, sondern sei aus »rein wirtschaftlichen Erwägungen« (Wikipedia) nach Amerika ausgewandert. Wieweit diese »wirtschaftlichen Erwägungen« mit dem unausgesprochenen Berufsverbot zusammenhängen könnten, dem Mies van der Rohe in Deutschland unterlag, kann hier aus Platzgründen nicht näher untersucht werden.*

*Bereits 1960 plante Mies van der Rohe allerdings einen Bau für einen privaten Bauherrn in Deutschland, der jedoch nicht zustande kam.*

Es scheint, als wäre dies für die Stadt Berlin ein Akt demütiger Wiedergutmachung gewesen, die Mies van der Rohe gnädig annahm. Niemand in Berlin traute sich darum, dem grossen alten Mann der Stahlecke zu widersprechen, als er für die Nationalgalerie ein Gebäude vorschlug, dessen Thema ihn schon lange verfolgte und das er unbedingt einmal bauen wollte: ein gigantisches Stahldach, das auf lediglich acht Stützen steht. Nutzung und Ort waren Mies van der Rohe egal – er hatte das gleiche Gebäude früher auch schon den Bacardi-Rum-Werken in Santiago de Cuba als Verwaltungsgebäude angeboten. Das Museum, das die Berliner ja eigentlich wollten, versorgte er im Keller. Aber dieses Dach musste Mies van der Rohe einfach noch bauen – tatsächlich verstarb er ein Jahr später, die Nationalgalerie blieb sein letzter Bau – und die Berliner mit ihrem schlechten Gewissen kamen ihm da gerade recht. So kommt es, dass die Berliner bis heute ihre Kunst in einem wenig inspirierenden Keller anschauen müssen, während über ihnen ein modernes Pantheon als fantastischer, nicht fassbarer Raum fast zweckfrei, aber majestätisch zu schweben scheint.

Der Froschstern B in Douglas Adams »Per Anhalter durch die Galaxis« ist die Heimat des Totalen Durchblicksstrudels, des schlimmsten Ortes des Universums. Er zeigt jedem, der sich hineinbegibt, seine galaktische Verlorenheit, seine Kleinheit und seine Bedeutungslosigkeit für das Universum. Den einzigen Weg, den Durchblicksstrudel zu überleben, entdeckt zufällig Zaphod Beeblebrox, indem er den Durchblicksstrudel in einem künstlichen, nur für ihn geschaffenen Zweituniversum betritt – wo er natürlich der wichtigste Mensch ist.

Als das unglaublich aufwändige Stahldach der Nationalgalerie vor Ort zusammengeschweisst war, wurde es an einem einzigen Tag von acht riesigen hydraulischen Kolben in seine Position gehoben. An diesem Tag liess sich Mies van der Rohe von einem Chauffeur in einem weissen Mercedes auf die Baustelle und unter das sich langsam erhebende, 4.500 Quadratmeter grosse Stahldach fahren.

Der alte Mann im Fonds des weissen Mercedes unter den 1.250 Tonnen Stahl seines letzten Werkes war der wichtigste Mensch in einem extra für ihn geschaffenen Universum. Doch wie überleben alle andern Berliner den Durchblicksstrudel, den ihre Stadt nun einmal darstellt? Wie überleben sie das Gefühl der Bedeutungslosigkeit, das sie anhand der Grösse und Grossartigkeit Berlins jeden Tag empfinden müssen? Menschen von anderswo mag es erstaunen, doch letzten Endes baut sich einfach jeder auf seine Art sein Paralleluniversum, jeder auf seinem Niveau und nach bestem Wissen und Können.

# Reise ans Ende der Nacht

KATHRIN PASSIG

Wer in Berlin bisher nicht rechtzeitig, also bis acht Uhr abends, vorgesorgt hatte, der musste sich des Nachts von Alkohol und Drogen ernähren. War auch nicht schlecht, schlecht aber war, dass man beim Besuch anderer Länder immer so unglücklich wurde angesichts von 24-Stunden-Supermärkten. Nicht so unglücklich wie ein sudanesischer schwuler Atheist im Hollandurlaub, aber für ein, zwei Auswanderungsgedanken reichte es.

Dürre Worte genügen daher kaum, unser Glück darüber zu schildern, dass sich seit Freitag die Abschaffung der Berliner Ladenschlusszeiten in die grossen weltverbessernden Momente der letzten Jahrzehnte einreiht (neben der Einführung von Homoehe, Internet, 10-Euro-Friseur, Call a Bike, Packstation, Kreuzberger Bügel, Internettelefonie, Ökostrom, Rechtsabbiegen bei Rot, Club Mate, LED, Euro, Digitalkamera, Telefon an der Person statt an der Wohnung, Künstlersozialkasse, MP3, DivX und einer etwas etwas vernünftigeren Drogenpolitik sowie der Abschaffung von DDR, Bademützenpflicht und mechanischen Anrufbeantwortern). Ab sofort darf jeder Berliner Einzelhändler so lange öffnen, wie er will (ausser sonntags, das wäre zu einfach). Wer jetzt noch sehr jung ist, wird sich später nicht einmal mehr daran erinnern können, dass es einmal ein Ladenschlussgesetz gab, und falls er in der Schule davon erfährt, wird er die Information mental irgendwo zwischen Hexenverfolgung und 5-1/4-Zoll-Diskette abheften. Es wird eine neue, schönere Welt sein, in der es weder Not noch Hunger gibt. Zumindest in Berlin und nachts.

# *Vintage* Architecture

Wenn man sich vor Augen führt, dass rund 70% des weltweiten Werbemarkts von fünf Holdings kontrolliert werden, dann ist die Vorstellung gar nicht so weit von der Möglichkeit entfernt, dass sich fünf Menschen im Geheimen treffen und sagen: »Jack, was hast du dir ausgedacht?« »Peter, ich denke, ›kaputt‹. Lass uns ›kaputt‹ cool machen.« »Jack, okay, du warst an der Reihe mit Ausdenken, aber ›kaputt‹, das ist doch absurd.« »Doch, ich habe mit meiner Frau gewettet, dass ich jeden Scheiss weltweit hip machen kann. Und sie so, ›hey, unsere Waschmaschine ist kaputt, entweder du reparierst sie, oder du machst, dass ›kaputt‹ ein tolles Image hat.‹« »Okay, Jack, ich schicke die Boys in die Spur, als Erstes sollen sie sich einen coolen Namen für ›kaputt‹ ausdenken.«

*Stand Ende 2006, Quelle: Ströer Media.*

So kam es wohl, dass Vintage cool und hip wurde, geplant von den fünf Chefs der fünf grössten Kommunikationsholdings der Welt, den fünf Männern, die Werbung und PR der Welt beherrschen. Was genau Vintage ist, kann man mit »kaputt, aber nicht defekt« umschreiben. Und das Foto zeigt, wie machtvoll Kommunikation sein kann, weil sie die Kultur von Kunst bis Architektur beeinflusst. Es handelt sich um das vermutlich erste Vintage-Haus der Welt in der Joachimstrasse in Berlin-Mitte, es war gar nicht kaputt, aber die Risse sind in die Fassade gemörtelt worden, offensichtlich. Wenn demnächst der Schnurrbart aus dem Nichts wieder hip wird, wissen wir also Bescheid.

▲ **Ein knallharter Job.**

SASCHA LOBO

# The DJ is dead

Als die fantastischen Pet Shop Boys im Oktober 1991 die Single »DJ Culture« veröffentlichten, fing offiziell die DJ-Dekade an, die 90er Jahre, in denen bootgeleggt und regemixt wurde, was einem unter die Nadel kam – nicht nur in der Musik. Der DJ wurde eine Ikone, ein Superstar, die Musiker hinter ihm zur Staffage. Er schaffte es sogar bis in die Fernsehwerbung von Persil und Sparkasse. Womit eindeutig sein Niedergang eingeleitet worden sein dürfte.

Und heute eröffnet in einer ehemaligen Sparkassenfiliale am Berliner Hackeschen Markt der Turnschuhfabrikant Puma einen Flagship Store und stellt einen DJ ins Schaufenster. Das ist die Möbelhaus-Eröffnung des 21. Jahrhunderts, der DJ ist toter als tot, er kann sich ab sofort gemeinsam mit Wolfgang Lippert beim Zangenklauen im Baumarkt erwischen lassen, er würde keinen Ansehensverlust erleiden.

Das war es also mit dem DJ, ein trauriger Tod, eingerahmt von einem Ampelmännchensymbol und einem abgestellten, aber nicht abgeschlossenen Damenrad, umringt von 60jährigen Zufallspassanten, die vor dem Schaufenster nicht einmal hören, was aufgelegt wird. Die coolen Kinder werden inzwischen VJ, das geht bestimmt noch drei Jahre, und dann kommt etwas Neues. Vielleicht Klingelton-Jockey oder gleich Tastenton-Jockey. Man weiss es nicht.

KATHRIN PASSIG

# The Times, They Should Be a-Changin'

Ein kluger Mann hat einmal gefordert, dass man zur Vermeidung geistiger Trägheit entweder alle zwei Jahre in eine andere Stadt ziehen oder aber in einer Stadt wohnen muss, die selbstständig um einen herum metamorphosiert. Nun ist Berlin zum Glück eine Stadt, die vorbildlich für die innere Flexibilität ihrer Bewohner sorgt; kaum hat man einen Stadtteil mal ein paar Minuten nicht aufgesucht, ist er schon abgerissen und ein anderer an seiner Stelle aufgebaut. Und doch ertappen wir uns hin und wieder bei veränderungskritischen Gedanken. Musste es zum Beispiel sein, dass am Lenné-Dreieck das Beisheim Center entstand, war es wirklich nötig, das grosse Gebäude mit dem ZWEIFEL abzureissen?

Daraus ersehen wir, dass von staatlicher Seite offenbar noch nicht energisch genug gegen die schädliche Macht der Gewöhnung vorgegangen wird – was wir brauchen, sind mehr Umwälzungen, Veränderungen, vielleicht eine Gesellschaft zur Förderung von Völkerwanderungen. Eine Währungsreform alle drei Jahre wäre schon mal ein Anfang, die gebräuchlichen Masseinheiten könnte man etwa alle fünf bis zehn Jahre von dezimal auf hexadezimal, Fahrenheit und zurück umstellen. Bei fortschreitender geistiger Leichtfüssigkeit der Bürger kann sich der Staat an den synodischen lunaren *Tithi*-Tagen der Vedischen Zeitrechnung versuchen, die in ihrer Dauer zwischen 19 und 26 Stunden variieren. Durch all diese schönen und wichtigen Neuerungen schwängen sich Forschung und Weltgestaltung zu neuen Höhenflügen auf, die Kommunikation erblühte, und wer weiss, am Ende würde sogar demnächst das Internet erfunden.

SASCHA LOBO

# Themenhalden

Wenn man in Berlin aufwuchs, konnte man beobachten, wie sich nach dem Fall der Mauer ein stadtökonomischer Mechanismus langsam, aber sicher durchsetzte, den man nur aus anderen europäischen und amerikanischen Städten kannte: die Häufung von Fachgeschäften einer Richtung in einem Viertel. Früher war Berlin sehr stark nach Kiezen organisiert, jedes grössere Viertel hatte seine 37 verschiedenen Läden, in denen man sich versorgen konnte. Inzwischen gibt es rund um den Hackeschen Markt so viele Schuhläden, dass die hippen Schuhe, die man im ersten Laden gekauft hat, schon wieder out sind, wenn man bemerkt, dass sie im letzten Laden die Hälfte billiger gewesen wären.

Aber Berlin wäre nicht Berlin, wenn das Hinterherhinken im Ballungstrend nicht durch übertriebenes Rechtsüberholen des Trends und Vermischung mit einem völlig anderen Zweittrend ausgeglichen würde. Während in New York und London nämlich seit Jahren die immer gleichen PopUp-Stores und -Clubs gehypt werden, sind in Berlin schon PopUp-Müllhalden in. Und zwar nicht irgendwelche, sondern geballte Themenmüllhalden. Oder wie ist es sonst zu erklären, dass an der oben fotografierten Stelle am Mauerpark in Prenzlauer Berg fünf zerfetzte Kinderwägen stehen? Und sonst kein Gramm Andermüll?

*An normalen Geschäften hängt ein Schild »bin mal kurz weg«, an PopUp-Stores hängt »bin nur kurz da«.*

 • **SO GEHT'S**: erst an die Pointe erinnern, dann anfangen, was zu erzählen

# Das Furby-haus

MICHAEL BRAKE

Man fragt sich ja immer, wo die Japaner die guten Ideen für ihr Character Design hernehmen. Ist es die an Göttern und Dämonen reiche Sagenwelt des Shintoismus? Gibt es in Japan tollere, vor dem Rest der Welt geheim gehaltene Tierarten? Oder bessere Drogen?

Vermutlich nichts von alldem, es reicht ihnen schon, sich einfach ihre Urlaubsphotos etwas genauer anzuschauen. Darauf entdecken die Japaner dann Häuser wie das (oben rechts) abgebildete, das in Berlin in der Besselstrasse (in unmittelbarer Nähe zum Touristenhotspot Checkpoint Charlie) steht. Ein bisschen frei drüber assoziiert und fertig ist der Furby. Wir merken uns: Immer! Absolut! Alles! Fotografieren! Man weiss nie, ob es nicht irgendwann zu irgendetwas gut sein wird.

# 9 Anderswo

MICHAEL BRAKE

Früher war die Welt übersichtlich eingeteilt: Es gab den Himmel, die Erde und die Unterwelt. Im Laufe der Zeit überlegte man sich das mit dem Himmel und der Unterwelt noch mal genauer und schaffte sie schliesslich ab, als Ersatzmodell wurde eine langweilige und allgemein völlig falsch verstandene Einteilung in Erste, Zweite und Dritte Welt eingeführt. Das konnte es natürlich nicht sein. Also durften alle noch mal Vorschläge einreichen und es herrschte ein grosses Chaos, in dem selbst Leute wie Samuel Huntington (der allen Ernstes mit sieben bis acht Kulturkreisen ankam) nicht sofort ausgelacht wurden. Am Ende setzte sich dann das Modell durch, das bei der Riesenmaschine bereits seit Jahrzehnten erfolgreich praktiziert wird. Demnach lässt sich die Welt in genau drei Sphären unterteilen – Berlin, das Internet und Anderswo.

Weil Anderswo ziemlich gross ist, müssen die Leute dort allerlei seltsame Dinge tun, um die Aufmerksamkeit der beiden anderen Sphären auf sich zu ziehen. Alleinstellungsmerkmale kommen zum Beispiel immer gut, man kennt das ja aus dem Marketing. Liechtenstein hatte lange Zeit ein ziemlich gutes, wenn auch weitgehend unbekanntes Alleinstellungsmerkmal, es war nämlich der einzige Binnenstaat, der nur von weiteren Binnenstaaten umgeben war. Bis zum Zusammenbruch der Sowjetunion, dann wurde Usbekistan erfunden, und es war Essig mit dem Alleinstellungsmerkmal Doppelbinnenstaatendasein.

Die Republik Zentralafrika ist hingegen noch immer der einzige Festlandsstaat, dessen Hauptstadt sich auf einer Insel befindet, und Lesotho das einzige Land, dessen gesamte Fläche mehr als 1.000 Meter über dem Meeresspiegel liegt. In der Elfenbeinküste steht

*Sie können sich übrigens gern einen Atlas hinzunehmen und vergleichen: Tatsächlich scheitern selbst hoffnungsvolle Kandidaten wie die Slowakei und Ungarn kläglich. Man muss bei Usbe-*

*kistan natürlich bedenken, dass das Kaspische Meer kein Meer ist, sondern bloss ein sehr grosser Binnensee – die Sitte, Seen als Meere zu bezeichnen, teilt sich Zentralasien übrigens mit Niedersachsen, dort gibt es das Steinhuder und das Zwischenahner Meer. Darüber hinaus gilt Niedersachsen als Pferdeland, eine weitere Gemeinsamkeit.*

*Sogar der grösste, grösser als die nächstgrösseren sieben zusammengenommen, ein ziemlich plumpes Alleinstellungsmerkmal, aber immerhin; auf Platz sieben ist der Baikalsee, der wiederum der tiefste, wasserreichste und älteste Süsswassersee der Erde ist, hier hätte sich Gott ein bisschen mehr Mühe geben können, so viele Alleinstellungsmerkmale für Seen gibt es schliesslich auch nicht, die sollte man sorgsam aufteilen.*

*Wenn Niedersachsen also das Zentralasien Deutschlands ist, was ist dann eigentlich Hessen?*

die grösste katholische Kirche und in Kasachstan der höchste Schornstein der Welt. Ecuador ist das Land mit den meisten verschiedenen Vogelsorten, dort liegt ausserdem der am weitesten von Erdmittelpunkt entfernte Punkt der Erdoberfläche (auf dem Gipfel des Chimborazo). Der Iran ist der Hauptexporteur für Pistazien, und die USA, Birma und Liberia liefern sich derzeit ein ziemlich dummes Wettrennen darum, das letzte Land zu sein, das immer noch nicht das metrische System eingeführt hat.

Neben Alleinstellungsmerkmalen sind auch ungewöhnliche Sitten, Essgewohnheiten oder Produkte sowie auf andere Art auffälliges Verhalten von Vorteil. Weil Japan in diesen Disziplinen erfahrungsgemäss ein unangenehmer Streber ist, haben wir in der Kategorie Anderswo keinen einzigen Japan-Beitrag mit ins Buch genommen, einfach aus Prinzip. Zum Ausgleich kommen Afrika und die Karibik auch nicht vor. Das ist ein fairer Kompromiss, mit dem eigentlich alle zufrieden sein sollten.

# Slacklining

CAROLINE HÄRDTER

## – der neue doofe Trend aus Kalifornien

Mussten sich Spaziergänger mit Gauklerallergie in deutschen Parks bislang nur vor Jongleuren und Diabolo-Spielern in Acht nehmen, sollten sie sich seelisch schon einmal auf eine weitere optische Zumutung einstellen, die sicher bald den Sprung über den Atlantik schaffen wird. Slacklining heisst der neue Sport, ein Abfallprodukt des Alpinkletterns (im Bild: Slackliner in einem Park in Berkeley). Adam Grosowsky und Jeff Ellington spannten Anfang der 80er Jahre erstmals einen Nylongurt, Teil ihrer Kletterausrüstung, lose zwischen zwei Bäume im Yosemite-Nationalpark und balancierten darauf herum. Ausserhalb von Klettererkreisen war Slacklining lange Zeit unbekannt, aber dank Bestrebungen von Leuten wie Slackline Brothers wird sich das sicherlich bald ändern. Glaubt man dem Claim auf ihrer Webseite (www.slackline.com), geht es beim Slacklining um nichts Geringeres als eine »spirituelle Suche«. Und so gehört sich das ja wohl auch für den offiziellen neuen, doofen Trend aus Kalifornien.

KATHRIN PASSIG

# Reisen im Esstisch »Norden« (199,-)

Ganz, ganz früher genügte es als Reisekonzept, z.B. dorthin zu fahren, wo auf der Landkarte noch nichts eingezeichnet war, also etwa zu den Nilquellen. Später tippte man mit dem Zeigefinger irgendwo auf den rotierenden Globus und hoffte, nicht in Sibirien oder Frankreich zu landen. In den letzten Jahren konnte man die Schnittpunkte der Längen- und Breitengrade bereisen und abfotografieren, Pilgerfahrten dorthin unternehmen, wo die Internetbackbones im Atlantik verschwinden oder versuchen, mit den GPS-Koordinaten der Reiseroute einen Elefanten zu zeichnen, aber nennenswerte Distinktionsgewinne sind hier schon länger nicht mehr zu holen. Daher hier rechtzeitig zur Urlaubsplanung das IKEA-Konzeptreise-Reisekonzept: Dänemark, Schweden und Norwegen werden anhand der IKEA-Ausstattung der eigenen Wohnung bereist. Allerdings führt nur der Besitz von Teppichen nach Dänemark, Norwegen ist recht dünn von Betten und Kleiderschränken besiedelt, und Finnland bleibt komplett unbesucht – wohl wegen seiner schwer vermittelbaren Ortsnamen; wer möchte seine Wohnung schon mit einem Uusikaupunki teilen?

*Plan Übergangsprofil, 6,00 € / m*

*Respekt Vase, 3,59 €*

*Aktion Gewürzmühle, 6,99 €*

*Optimal Rotweinglas / Weissweinglas, 1,49 €*

*Billig Übertopf, 0,49 €*

Wem der Respekt vor diesem Plan fehlt, weil er z.B. die ganze Aktion für Billig ausgedacht und keineswegs Optimal hält, der soll ruhig weiter auf die Liparischen Inseln fahren, der Olle Prägel. Oder sich eben ins Nyfiken.

*Olle Stuhl, Farbe Birke, 30,77 €*

*Nyfiken Kinderstuhl, 3,06 €*

*Prägel Arbeitsplatte, Buche Nachbildung, 20,51 €*

CHRISTIAN Y. SCHMIDT

# Früher Fake

▲ **MISHING YOU A HAPPY AND PROSPEROMA NEW YEAR**

Wann man in China genau damit begann, westliche Wort- und Bildmarken unerlaubt zu kopieren, ist wahrscheinlich kaum zu klären. Dass es aber früher war, als der gemeine Riesenmaschinenleser glaubt, beweist diese Zigarettenschachtel aus der Sammlung des historischen Museums von Shanghai, die wahrscheinlich aus den 30er Jahren stammt. Wie man es in China aber immer wieder schafft, einerseits durchaus komplexe Mickymäuse perfekt zu kopieren, andererseits aber beim Abschreiben eines eher unkomplexen englischen Satzes zu versagen, bleibt wie so vieles im Reich der 999 Rätsel komplett rätselhaft. Haben die alten Römer ins lateinische Alphabet einen mit dem blossen Auge nicht erkennbaren Kopierschutz eingebaut? Gibt's irgendwo in der chinesischen DNA ein defektes Abschreibgen? Vielleicht kümmert sich mal ein Wissenschaftler darum, wir können ja nicht alles machen.

# Hubschrauber sind Öko

ALEKS SCHOLZ

Hubschrauber sind mit grossem Abstand die beste Erfindung der Menschheit. Wenn die anderen uns endlich ausgerottet haben werden, seufzen sie bestimmt kurz und sagen sich: »Diese Menschen, seltsam degenerierte Tiere, aber Hubschrauber bauen, das hätte von uns sein können.« Leider aber wird dieser klare Beweis unserer Genialität heute fast ausschliesslich zum Lebenretten und eben genau dem Gegenteil eingesetzt. Während fast jeder schon mal mit jenen behinderten »Flugzeugen« unterwegs war, bleibt Hubschrauberfliegen ein seltenes Vergnügen. Und dabei kann er so schöne Dinge, in der Luft stehenbleiben zum Beispiel, wer bitte macht ihm das nach? (Turmfalken dürfen nicht antworten.)

Eine nennenswerte Ausnahme ist das brasilianische Unternehmen »Moreto Helicopteros« bzw. dessen Superangebot »Expedição Brasil«, das mehr Hubschrauber bietet, als man an einem Abend essen kann. Das Grundprinzip der Expedition: Zehn Tage lang wird man in einem Rudel Hubschrauber quer durch den brasilianischen Dschungel geflogen, und zwar knapp über den Baumkronen, inklusive Regierungssitz in Brasilia, Sandbänke am Rio Araguaia, Kunststücke, Mato Grosso, Pantanal, unberührte Natur, Tafelberge, Papageien, Rotorenkrach, Krokodile, Benzingestank, kaltes Bier, Luxuslodge, Moskitoschutz, Männchenmachen, rückwärts, vorwärts, seitwärts, ach, mehr kann sich kein Mensch wünschen. Weil man dabei das Aussterben der Hubschrauber verhindert, ist es nur fair, das Ganze unter dem Label »Ecotourism« laufen zu lassen. »Expedição Brasil« findet offenbar jeden Sommer statt und ist angeblich nur wenige tausend Dollar teuer. Schade, dass einem so etwas nie einfällt, wenn man nach Weihnachtsgeschenken gefragt wird.

# Die Zukunft von *keine Arbeit*

CHRISTIAN Y. SCHMIDT

Die einen glauben, das Internet schaffe Arbeit oder vermittle sie wenigstens besser als jedes andere Medium. Die anderen leben in China. Das ist zwar das Land mit der grössten, gewiss aber zweitgrössten Internet-User-Zahl der Welt und den allermeisten Bloggern: 17,5 Millionen registrierte Blogs nennt China Daily, und Reuters legte im Oktober 2006 mit 34 Millionen Blogs, 17 Millionen Bloggern und 75 Millionen Lesern noch mal einen drauf. Doch in genau demselben China stellen sich junge Menschen, wenn sie Arbeit brauchen, nicht ins Internet, sondern lieber auf die Strasse, so wie hier vor den Xinhua-Buchladen in Urumqi.

*Die Riesenmaschine-Autoren Holm Friebe und Sascha Lobo zum Beispiel in ihrem schlauen Buch »Wir nennen es Arbeit«.*

Es sind alles Studenten der Universität von Xinjiang, die ganz im Stil der europäischen und amerikanischen Moderne mithilfe sogenannter Zettel Jobs als Nachhilfelehrer (Mathe, Physik, Chemie, Englisch) suchen. Aber warum stehen diese Menschen so obszön konkret da? Warum sind sie nicht wenigstens etwas virtueller? Weil die Sonne immer so schön in Urumqi scheint, das übrigens verdeutscht Schöneweide heisst? Möglich. Oder weil die

*Xinjiang ist die grösste und zugleich westlichste Provinz Chinas. Die Provinzhauptstadt heisst Urumqi.*

▲ **Seit kurzem Gefangene der Bewegung Kapitalismus.**

Internetpenetrationsrate mit 9,4% in China dann doch wieder nicht so hoch ist? Eventuell auch das. Aber vielleicht wollen uns die sympathischen jungen Leute auch nur sagen: Internet is over! Es war nur eine kurzfristige Mode in der Geschichte der Menschheit und ihrer Medien; eine Grille des Weltgeistes, so wie das Hula-Hoop-Tanzen, der Dreissigjährige Krieg oder das Gegendassystemsein früher.

*Vgl. die Statistiken auf internetworldstats.com vom Oktober 2006.*

Die Frau ohne Zettel dagegen ist noch netzgläubig und nur mitgekommen, um Sie einmal aus dem Internet heraus leer anzublicken. Überraschend wurde ihr Traum wahr. Jetzt starrt sie sogar aus diesem Buch. Das spricht dafür, dass es mit dem Internet noch nicht vorbei ist. Und auch nicht mit dem Buch.

DANIEL ERK

# Und sonntags zum Familien-Dschihad

Wenn man in der weltweiten Öffentlichkeit als überaus aggressive Terrortruppe gilt, sich selbst aber eher als teilmilitante Moslem-CSU versteht, sollte man sich über eine Neupositionierung mittels Public-Affairs-Methoden Gedanken machen. Die libanesische Hisbollah stand vor diesem Problem – und hat reagiert.

*Die hiesige Mediendarstellung legt den Schwerpunkt sehr auf die Militanz. Das ist wahr, aber nur die halbe Wahrheit.*

*Eigentlich »Hisb Allah«, die Partei Gottes. Die Hisbollah ist eine politische Gruppierung der Schiiten des Libanons.*

In Kfar Kila, einem historisch wie politisch wichtigen Grenzübergang zu Israel, da über ihn im Jahr 2000 die israelische Armee den besetzten Südlibanon räumte, hat die

Hisbollah beispielsweise ein spielerisches, aggressionsabbauendes Feature eingerichtet, mit dem der meist wenig geneigte arabische Besucher seinem Unmut Ausdruck verleihen kann: Zwei Steinsäulen (linkes Foto, im Hintergrund) sind errichtet worden, gegen die man Steinchen werfen darf – symbolische Kiesel gegen Israel. Darauf wäre die Bundeszentrale für politische Bildung nicht ohne Weiteres gekommen.

Zehn Meter daneben steht der Touristenshop mit Promotion-Artikeln der Hisbollah,

*Der selbstverständlich nicht zu nutzen ist; wie man überhaupt aus dem Libanon nicht nach Israel kommt.*

in dem neben arabischer, oft antizionistischer Folklore, Postkarten mit Bildern des Anführers Scheich Nasrallah, Anti-Israel-Stickern, arabischem Kitsch und DVDs mit von der Hisbollah produzierten Spielfilmen über den Kampf gegen die Besatzer auch sehr schicke Hisbollah-T-Shirts zu kaufen sind. Das ist zielgruppenadäquat und äusserst populär, kurz: ein Bombenerfolg. An Sonntagen ist der Grenzübergang Ziel von Familienausflügen samt verschleierten Müttern und Töchtern, die lachend Kieselsteine gegen Israel werfen. 20 Meter und zwei Stacheldrahtzäune weiter sitzen israelische Soldaten in einem Bunker. Nur einen Steinwurf entfernt ist die erste Siedlung in Israel. Diese wiederum soll ihrerseits jedoch nicht neu positioniert werden.

# It's a STONY

MENNO ADEN

Die Elektronikfirma Sony, 1946 in den Trümmern eines völlig zerbombten Tokio gegründet, bringt mittlerweile jährlich über 500 neue High-Tech-Produkte auf den Markt, die alle dasselbe Problem haben: Sie benötigen Strom, um zu funktionieren. Nun wurde im bengalischen Jessore erstmals ein Sony-Produkt entdeckt, das auch ohne Strom ganz gut funktioniert. Ein genialer Schachzug des Konzerns, da in Bangladesh bereits seit Jahren Stromausfall trainiert wird. Ob sich die Sony-Designer dieses bisher konkurrenzlosen Öko-Gadgets von den Ruinen des damaligen Tokio oder gar vom hauseigenen »Backstein-Handy« P 800 inspirieren liessen, ist anhand des Fotos leider nicht zu erkennen. Es scheint sich jedoch ziemlich sicher um das erste Produkt einer neuen Low-Tech-Abteilung Sonys zu handeln, die den Konzern in Zukunft durch schwere Zeiten bringen könnte, wenn Elektronen nicht mehr so einfach aus Steckdosen herauszuholen sind.

# WHERE THE STREETS HAVE NO NAME

MAIK NOVOTNY

Hipness ist für gewöhnlich nicht eine Eigenschaft, die von Gemeinderäten erwartet wird. Schon gar nicht in Wien, wo man vor allem damit beschäftigt ist, Plätze nach toten Professoren und Doktoren zu benennen, und wo es bisher als Gipfel des kommunalen Jugendappeals galt, dass sich Planungsstadtrat Schicker offiziell von Rudolf in Rudi umbenannt hat.

Doch auf der Website der Stadtverwaltung findet man ausser Putzigem wie der Einladung zum Sammeln von Kübeln und zum Graben für Greise auch die Verkündigung, dass man im Rahmen des Stadterneuerungsprojektes Kabelwerk ein Stück Asphalt »Graffitistrasse« getauft und somit das »street« back in die street credibility geputtet hat. Während man in Berlin jährlich 50 Millionen Euro für die Beseitigung von Wandbesprühungen ausgibt, weiss man in Österreich längst, dass es sich hierbei um »Popularkunstwerke« (Zitat Rudi) handelt. Letztlich versteckt sich dahinter natürlich nur die übliche Gentrifizierung eines Arbeiterviertels, aber trotzdem: Respect, Wien. Schliesslich bekommt auch der tote Exbundespräsident Thomas Klestil nur eine zugige Plaza in einem schrundigen Bürokomplex am Stadtrand nach sich benannt, und er darf noch nicht einmal seinen Doktortitel mitnehmen.

*Städtische Sammelstelle für »Kübel aller Art«, die von Künstlerinnen weiterverwertet werden.*

*Städtische Initiative Seniorenarchäologie (»schaufeln, freilegen, zeichnen, vermessen«).*

Als Nächstes böten sich die zurzeit an Wiens Fassaden aufpoppenden Space-Invaders-Populärkunstwerke zur Vereinnahmung an, und wenn wir uns dereinst mit dem Fiaker vom Stammbeisl nach Hause in die Space-Invaders-Gasse fahren lassen, werden wir der Stadt Wien und ihrem Kunstverständnis das nächste »Respect« entgegenlallen.

# Volk ohne Hohlraum

JOCHEN SCHMIDT

Dass die Menschen eine Seele haben, ist eine schwer zu widerlegende Behauptung, und obwohl niemand weiss, wie diese Seele aussehen könnte, dient der Begriff auch zur Bezeichnung einer Besonderheit an manchen Korkenziehern und Stahlseilen. Beim Korkenzieher ist die Seele ein zentraler Hohlraum, der das Ziehen des Korkens vereinfacht – Korkenzieher mit Seele sind zuverlässiger – bei Stahlseilen ist sie ein inneres Seil, um das das eigentliche Seil gewickelt wird, womit man näherungsweise Biegeschlaffheit erreicht, durch die sich das Seil nach der Balkentheorie überhaupt erst vom näherungsweise biegesteifen Balken unterscheidet. Die Seele scheint also ein Hohlraum sein zu können, sofern sie sich in einem anderen Körper befindet, aber auch eine Füllung in einem ihr wesensgleichen Gefüllten. Hohlräume ohne umschliessenden Körper sind häufiger als Körper ohne umschliessenden Hohlraum, es wird also mehr Hohlseelen als Vollseelen geben. Jedenfalls ist die Seele immer von etwas Seelenlosem umgeben, dessen Seele sie ist, eine Seele kann also keine Seele haben.

Klopapier, wie wir es kennen, ist ebenfalls innen hohl, könnte also theoretisch beseelt sein. Im erdgeschichtlichen Massstab ist es ein ähnlich junges Phänomen wie das Internet. Vor seiner Einführung im 19. Jahrhundert (wie bei der Mauer waren die Chinesen natürlich schneller) wurde alles Mögliche benutzt, bis man auf den naheliegenden Gedanken mit dem Papier kam. Die Griechen reinigten sich mit Steinen und Tonscherben, die Germanen mit Stroh und Laub, das Mittelalter kannte Moos, Schafwolle, Sand, Maisstroh, die linke Hand, Rabelais diskutiert die Vorzüge lebender Gänse als Arschwisch. Ist Papier das Ende der Entwicklung? Die Zahl der Lagen stagniert bei vier bis fünf.

▲ Papier ohne Seele.

Nach dem Ende des kalten Krieges brauchen meine Verwandten aus Itzehoe kein Klopapier mehr, um die Grenze zu passieren und in den Osten zu reisen, einerseits hat sich der Westen also durchgesetzt, aber andererseits muss er nicht mehr weicher werden, um den Osten auszustechen, was schade ist. Aber jeder Osten hat seinen Osten, und in Odessa fand ich nun ein nichtkanonisches, hohlraumloses Klopapier, das mich irritiert hat, weil es auf einfache Art alte Denkgewohnheiten zerstörte. Es stellte sich z.B. sofort die Frage, ob zuerst unser Klopapier da war, oder unsere Klopapierhalterung. Aber die viel zermürbendere Frage war, ob dieses Klopapier, weil es innen nicht hohl ist, keine Hohlseele hat, oder ob es selbst die aus unserem Klopapier herausgestanzte Vollseele ist, die nun, getrennt von ihrem Körper, in Osteuropa Dienst tun muss.

# 10 Vermutungen über die Welt

ALEKS SCHOLZ

Die Vermutung in ihrer Omnipräsenz ist aus der modernen Zivilisation kaum mehr wegzudenken. Heute ist unklar, welche Primärvermutung am Ende des Mittelalters die Welt mit ihrer Präsenz um eine wesentliche Komponente bereicherte. Einig sind sich die Historiker jedoch in zweierlei Hinsicht: a) Die Vermutung entstand in einer versehentlichen Kreuzung aus Dogma und Spinnerei, deren inferiores Erkenntnispotential bis dahin die Wissenschaft vom rechten Fortschritt fernhielt. b) Galileo Galilei war der Erste, der die Strahlkraft der brandneuen Vermutung begriff und damit begann, sie systematisch im Labor zu untersuchen. Legendär seine historische Fallvermutung (»alle Körper fallen gleich schnell«), die schon wenig später zur Erfindung der Schwerkraft durch Vermutungspapst Newton führen sollte, ein unabdingbarer Bestandteil vieler Innovationen der Neuzeit (Beispiel: Kuckucksuhr).

Bis zur Kantschen Aufklärung bestand in weiten Kreisen der gebildeten Welt erheblicher Zweifel am Sinn der Vermutung. Zu unsicher erschienen ihre Ergebnisse im Vergleich zur Vollkommenheit eines wunderschönen Dogmas. Zu stringent wiederum ihre Linie, um in handelsüblichem Quatsch Verwendung zu finden. Kants epochalem Werk »Die Kritik der reinen Vermutung«, bis heute der theoretische Überbau zur Vermutungswissenschaft, ist es zu verdanken, dass die Verhältnisse zurechtgerückt wurden: Erkenntnis wird hier zum ersten Mal in sauberer Form als progressive Anpassung von Fakten an harte Gedankengebäude präsentiert, wobei die Vermutung als allgemeine Form der Schlussfolgerung die Spezialfälle der puren Spekulation und des besinnungslosen Glaubens ausdrücklich einschliesst. Was Einstein später für die Schwerkraft leistete, die Versöhnung von Allgemeinem und Speziellem, das erledigte Kant hirngewandt für die Vermutung.

Letztlich wurde Forschung damit endlich genauso lustig wie Kasperletheater: Welche Wirklichkeit am besten die Modelle nachspielt, hat gewonnen. Auch in der Praxis kam man voran: Der deutsche Mathematiker Bernhard Riemann züchtete 1859 in langen, unterirdischen Tierversuchen seine »Riemannsche Vermutung«, Sieger auf zahllosen internationalen Vermutungsschauen und bis heute bestes Beispiel für die schillernde Sowohl-als-auch-Gewalt der klassischen Vermutung.

Als Zuchtvater der modernen Vermutung jedoch gilt Karl Popper. Sein phänomenologischer Bildband »Logik der Forschung« von 1934 stellt die Vermutung zum ersten Mal ausdrücklich hervorgehoben in den Mittelpunkt der Erkenntnisgewinnung, oder besser gesagt: »Unser Wissen ist ein kritisches Raten, ein Netz von Hypothesen, ein Gewebe von Vermutungen.« Laut Popper ist die wissenschaftliche Methode nur valide, wenn sie Aussagen hervorbringt, bei denen die Möglichkeit besteht, sie später zu falsifizieren – genau dies ist die inhärente Eigenschaft der Vermutung. Die Zahl der Jünger Poppers geht in die Millionen. Die Popularität seiner Ansätze ist sicher auch auf die kurz zuvor entwickelte Quantentheorie zurückzuführen, die nachhaltig belegt, dass selbst die bislang als unfehlbar geltenden Elementarteilchen nur auf der Basis von Wahrscheinlichkeiten existieren oder auch nicht: Wenn ein sehr kleines Tier oder Ding »hier« ist, kann es keinesfalls nicht auch gleichzeitig »dort« sein, muss aber auch nicht – alle konventionellen Jagen-und-Sammel-Methoden damit sauber über den Haufen geworfen. Die Vermutung dient hier nicht nur als theoretisches Konstrukt, sondern wird zum wirklich existierenden Baustein der Welt an sich. Jede nicht-vermutungsproduzierende Hypothese – im Klartext: jede nicht widerlegbare Hypothese – gilt seitdem als nicht diskutabel, sie ist »nicht einmal falsch« (Erwin Schrödinger).

Mittlerweile gibt es mehr Vermutungen auf der Welt als Menschen. Jedoch muss man sich um ihre lawinenartige Vermehrung keine Sorgen machen, denn zum Glück neigen die kleinen Biester zum Kannibalismus. Und: Da jede Vermutung ihren Wahrheitsgehalt in einer Art Preisetikett schon mit sich bringt, fällt es leicht, die schlechten von den guten zu trennen. Natürlich ist auch die beste Vermutung nicht etwa wahr. Sie ist nur wahrer als alles andere.

# Lebensverlängernde Massnahmen

MICHAEL BRAKE

Es gehört zu den ungelösten Rätseln der Wissenschaft, warum unsere grossen grünen Vorfahren, die Dinosaurier, vor 65 Millionen Jahren ausgestorben sind. Zahlreiche Theorien wurden schon aufgefahren, um dieses fünfte und bisher letzte globale Massenaussterben zu erklären: Von Asteroiden ist die Rede, gigantischen Vulkanausbrüchen oder der Umkehrung des Erdmagnetfeldes.

Ein exklusives Beweisfoto aus den Anfangstagen des Känozoikum zeigt nun die erschreckende Wahrheit: Die Dinosaurier sind ganz einfach auf die Seite gefallen und konnten nicht mehr aufstehen. Ein tragisches Ende dieser stolzen Riesenrasse und eine Mahnung an uns Menschen: Auch einfach erscheinende motorische Übungen sind keine Selbstverständlichkeit und bedürfen stetigen Trainings. Jeder von uns sollte sich die Zeit nehmen, sich einmal am Tag um die eigene Achse zu drehen, sich danach flach auf den Bauch zu legen, um dann wieder aufzustehen und mit der linken Hand, ohne hinzuschauen, ans rechte Ohr zu fassen.

Wieso die Dinosaurier auf die Seite gefallen sind, bleibt übrigens ein grosses Rätsel. Vermutlich wegen eines Asteroiden, eines Vulkanausbruchs oder der Umkehrung des Erdmagnetfeldes.

# Der Kern des Ganzen

ALEKS SCHOLZ

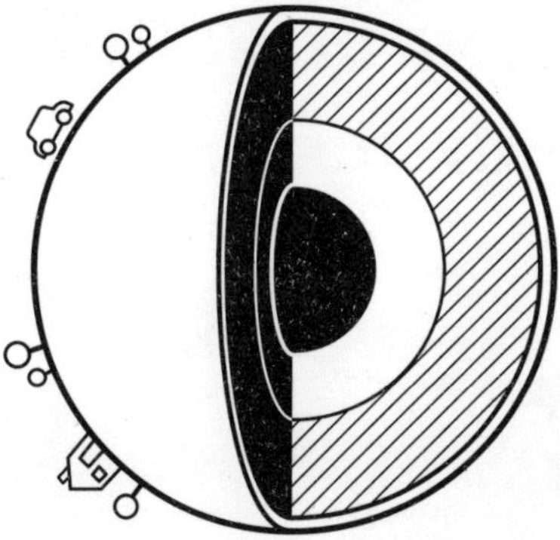

Verstörende Nachrichten erreichen uns aus dem Inneren der Erde, einer überaus faszinierenden Gegend. Dort gibt es einen Kern (gut, das weiss man schon länger), bestehend aus schönem, solidem Eisen, was erstmal sehr beruhigend klingt. Dann aber die Hiobsbotschaft: Dieser feste Kern wiederum *schwimmt* in einer Blase aus flüssigem Eisen (einem sogenannten Stahlbad), und schlimmer noch: Er *rotiert*, und zwar schneller als der Rest der Erde. Man muss den Tatsachen ins Gesicht sehen: Wir leben auf einem gigantischen Power Ball, jenem kugelförmigen Ding also, in dem eine kleinere schwere Kugel schnell rotiert. Irgendjemand, der sehr gross und vor allem ausserordentlich kräftig sein muss, hat vor langer Zeit wohl die Erde benutzt, um seine Unterarme zu trainieren, und so den Eisenkern in Drehung versetzt. Man kann nur spekulieren, warum dieser Jemand die Lust an seinem Spielzeug verlor, aber wir alle sollten froh darüber sein. Vielleicht übt er jetzt Diskuswerfen mit Spiralgalaxien.

*Verkündet von Zhang et al., 2005, »Science«, Bd. 309, 5.739, S. 1.357.*

CHRISTOPH ALBERS

# Be sure to wear some *Zeitschleifen* in your hair

9 1970 1971 1972 1973 1974 1975 1976 1977 1978 1979 1980 198

Die Sucht nach Abwechslung im Alltag ist eine der grössten Geisseln der Menschheit. Der Grossteil des selbstständig beweglichen Kohlenstoffs, der den Planeten bevölkert, ist damit beschäftigt, selbstständig beweglicher Kohlenstoff zu bleiben. (Reporter: Und was machen Sie so den ganzen Tag? – Milbe: Eine Milbe tut, was eine Milbe tun muss. – Hammerhai: Seh ich auch so.) Nur der Mensch entblödet sich nicht, tagaus, tagein Handlungen vorzunehmen, die das Ziel haben, sich von Handlungen von gestern und vorgestern zu unterscheiden, die gestern und vorgestern aber auch schon genau diesen Zweck verfolgten. Der Urlaub vom Alltag wird so irgendwann zum Urlaub in das innere Krisengebiet.

Das muss alles nicht so sein. Denn der angeblich so erbarmungslose starre Zeitpfeil lässt sich wie ein Spaghetto abkochen und zu lustigen Schleifen drehen. Kluge Menschen haben das erkannt, wie z.B. Ludwig Wittgenstein, der meinte: »Mir ist egal, was ich esse, solange es immer nur das Gleiche ist.« In Hinblick auf künftige ökologische Krisen wird man sich irgendwann an diesen Satz erinnern müssen, vielleicht als passende Parole für das Konzept Nährschlamm.

Einen radikaleren Weg der Vermeidung von irritierender Abwechlung geht der Künstler Roman Opalka. Getarnt als gross angelegtes

87 1988 1989 1990 1991 1992 1993 1994 1995 1996 1997 1980 1981

Kunstprojekt, auf das bisher noch jedes Museum moderner Kunst hereingefallen ist, verfolgt dieser mit der Weisheit der Milbe gesegnete Mensch seit 1965 ein einziges Ziel: Alle Zahlen aufschreiben, die es überhaupt gibt. Nun kann man sagen: Ja, aber die sind doch alle bekannt. Opalka: Das wollen wir erst mal sehen.

*Und zwar auf immer gleichformatige Leinwände in Öl. Dazu fertigt er täglich ein Foto von sich an. Das Werk »1-∞« hat mittlerweile die 6-Mio.-Grenze überschritten.*

Man sieht, es ist gar nicht schwer. Streichen Sie das nächste Wochenende in Tropical Island. Meiden Sie überhaupt Angebote, die Ihnen ein Baumelnlassen der Seele versprechen. Wenn Freunde Ihnen vorschlagen, doch mal in diesen neuen Club zu gehen, antworten Sie: Wieso, da war ich doch noch nie. Kaufen Sie sich sechshundert Westerntöpfe, schauen Sie nur noch 9live … Ja bitte, Herr Guru Dschi da hinten in der letzten Reihe? – Ich möchte auch noch was dazu sagen, aber Sie nehmen mich ja nie dran!

*Indischer Sadhu, der seit 24 Jahren seinen Arm in die Höhe hält.*

ALEKS SCHOLZ

# Dann halt Vulkane

Der grosse Fred Hoyle, Erfinder von so herrlichen Gedankengebäuden wie der Steady-State-Theorie zur Entstehung des Universums (widerlegt) und der Panspermien-Hypothese zur Entstehung des Lebens (kein Favorit, aber noch nicht aus dem Rennen), war massgeblich daran beteiligt, dass wir heute wissen, woher die ganzen Teile stammen, aus denen wir aufgebaut sind. Was viele nicht wahrhaben wollen: Jedes Kohlenstoffatom in unseren sauberen Körpern war, bevor es dort hinkam, tief vergraben in einem grossen, alten Stern, der in der Folge zerbarst und seine Innereien unordentlich im All verbreitete. Das ist lange her, und darum soll darüber geschwiegen werden. Derselbe Fred Hoyle jedenfalls befand sinngemäss, dass man Photographien der Erde von draussen haben müsste, um die grauenvoll isolierte Lage derselben zu begreifen, und daraufhin eine gewaltige, neue Bewegung loszutreten.

*Steady-State-Theorie: Es gibt keinen Urknall, stattdessen entsteht ständig und überall ein bisschen Materie.*

*Panspermien-Hypothese: Verkapselte Bakterien bevölkern kosmische Gaswolken.*

Was er wohl damit nicht meinte, war die Bewegung von grossen Mengen Schutt und Asche, ausgespuckt vom Vulkan Cleveland, der zu aller Überraschung nicht in Ohio, sondern in Alaska liegt und dessen Eruption vor knapp drei Wochen zuallererst im All bemerkt wurde. Nicht nur die Schönheit des einsamen Planeten, Anlass zu metaphorischem und transzendentalem Gerede, wird aus dem All offenbar, sondern eben auch die irdischen Eiterbeulen und Aknepickel und deren schmutziges, todbringendes Ejakulat. Das eigentliche Spektakel jedoch findet unterirdisch statt, wo sich krachend an der Subduktionszone die Platten des Erdmantels ineinander verkeilen und das Magma nach oben pressen. Das Wichtige nämlich ist selbst aus dem All unsichtbar. Fred Hoyle, der irgendwann starb, war sein ganzes Leben lang sehr hässlich.

KATHRIN PASSIG

# Bratwurst-Hausse

Zusätzlich zum Big-Mac-Index, mit dem seit 1986 weltweite Preis- und Kaufkraftvergleiche durchgeführt werden, möchten wir hiermit ein weiteres Tool zur Gegenwartsdeutung anhand von Wurstwaren einführen. Von Joseph Kennedy heisst es, er habe Aktientipps von einem Schuhputzer bekommen und daraufhin die betreffenden Aktien mit der Begründung abgestossen: »When the shoeshine boy starts giving you tips, it is time to get out of the market.« Analog lautet die neue Regel: Wenn ein Trend auf der Bratwurstpackung angekommen ist, ist er so tot wie das darin verarbeitete Schwein. Wellnessinvestitionen = Strong sell.

Den Wellness-Nachfolger kündigen wir rechtzeitig an; voraussichtlich wird es sich dabei – wenn der seit »Fitness« beobachtete Abwärtstrend anhält – um so was wie Solalaness bzw. einfaches Rumliegen handeln.

# Pimp my Scholastik

WOLFGANG HERRNDORF

Bei dem Versuch, plastische Chirurgie abzulehnen, begibt man sich auf schwieriges Gelände. Eine klare Abgrenzung zu Kosmetik und Hygiene ist praktisch unmöglich. Der graduelle Unterschied zwischen Lippenstift, Zahnspange, Ohren anlegen, Fett absaugen und Brust vergrössern ist genau so schwer auszumachen, wie sich die Frage beantworten lässt, wer alles eine unsterbliche Seele hat. Auch hier kämpfte die Scholastik vergebens. Wenn der Mensch eine unsterbliche Seele hat, warum nicht auch der doch ganz bauplanähnliche Affe? Im Sinne der Evolution ist da kein Unterschied zu erkennen. Auch niedliche Hunde und Pferde würde man in diesem Fall nicht ausnehmen dürfen. Doch leider gilt fürs Tierreich: je kleiner, desto *hmpf.* Der Hamster geht vielleicht noch hin (»oooch, guck mal, wie der schaut!«), wie auch die Springmaus und das Hörnchen. Was aber ist mit Stichling oder Stubenfliege? Warum fällt uns die Vorstellung, Assel, Regenwurm und Wanze hätten eine unsterbliche Seele, so schwer? Und zuletzt: das Bakterium. Biologisch gesehen existiert keine klare Trennlinie. Und selbst wenn man dem Bakterium die unsterbliche Seele geben möchte, weil man sie dem Affen nicht verweigern wollte, sollte dann nicht auch das Virus eingemeindet werden, das Eiweiss und das Prion? Denn interessant: Objektiv betrachtet sind die Prionen der Unsterblichkeit tatsächlich am nähesten. Insofern klares Ja zur Silikonbrust.

# Sind Zähne Absicht?

ALEKS SCHOLZ

Säbelzahntiger, warum hast Du so grosse Zähne? Diese hochinteressante Frage konnte leider bis heute nicht eindeutig geklärt werden. Dabei ist es bezeichnend für unsere missgünstige Gesellschaft, dass sie hinter grossen Zähnen sofort ein gieriges, verfressenes Monster vermutet. Vielleicht zu Unrecht, ist doch die zunächst so einleuchtende und einfache »Damit ich dich besser fressen kann«-Theorie unter Säbelzahnexperten weiterhin umstritten. So fand man in den Schädeln einiger Säbelzahntiger Löcher so gross wie Säbelzahntigerzähne, die darauf hindeuten, dass die überdimensionierten Eckzähne nicht der Nahrungsbeschaffung, sondern eher dem ganz alltäglichen sozialen Geschubse dienten. So betrachtet ist der Säbelzahntiger, lat. *Smilodon*, vielleicht ein ganz geselliges Wesen, das nur darum einen leichten Vorbiss hat, damit man anhand der Grösse der Zähne eindeutig festlegen kann, wer dem anderen das Bier an den Fernseher bringt. Vielleicht aber überschätzen wir die Evolution auch masslos, und der Säbelzahn dient überhaupt keinem Zweck. Es muss endlich Schluss sein mit dem Volksglauben, die Evolution hätte sich schon irgendwas dabei gedacht und alles hätte schon seinen Sinn und überhaupt. In Wahrheit nämlich litt das ansonsten so niedliche Mischwesen aus Löwe und Meerschwein jahrtausendelang unter dieser Missbildung, alle anderen Kinder machten sich lustig über den grossen Zahn, bis schliesslich der Säbelzahntiger vor lauter Gram und Unglück keinen anderen Ausweg mehr sah, als einfach auszusterben. Darüber sollte man auch mal nachdenken.

# Mutmassungen über die Weppelzihne

KATHRIN PASSIG

Mit dem Nasobem hat die Weppelzihne gemeinsam, dass beide noch nicht im Brehm stehen, noch nicht im Meyer und auch im Brockhaus nicht. Nicht einmal die Wikipedia kennt die Weppelzihne, und da es ein trauriges Los für ein Tier ist, nur posthum als Veloursmantelbesatz bekannt zu werden, widmen wir uns heute zum ersten und letzten Mal der Weppelzihne. Es handelt sich vermutlich (Fellqualität!) um ein aquatisch lebendes Tier, ein Nagetier oder eine Marderart. Die Weppelzihne weppelt den ganzen Tag aus ihrem Bau heraus und wieder hinein. Sie ernährt sich auf ausserordentlich mühsame Art, wird kaum älter als zwei Jahre, und für einen Mantelbesatz braucht man einige hundert Stück, die sich dank ihrer Neigung zum Herumweppeln mit einem simplen Marmeladenglas im Laufe eines einzigen Nachmittags einfangen lassen. Weppelzihnenpelz ist also nicht nur Mord, sondern Mord an besonders hilflosen und doofen Tieren, aber das stört ja bei den Robbenbabys auch kaum jemanden. Die Evolution gelobt, es beim nächsten Mal besser zu machen, und der Veloursmantelkäufer hüllt sich mitleidlos in die letzten Weppelzihnen der Welt. Adieu, Weppelzihne, du wirst es nie in den Brockhaus schaffen.

*Stimmt nicht ganz, das Nasobem steht dort inzwischen.*

# Die Krankheit Ich

HOLM FRIEBE

Keine Frage dürfte die abendländische Philosophie über die Jahrhunderte hinweg derart beschäftigt haben wie die nach dem Subjekt. Sigmund Freud hat es in drei Etagen zerlegt. Michel Foucault hat es erst mühevoll abgeschafft und dann durch die Hintertür wieder reingelassen. Und Arthur Rimbaud hatte sich der Frage kurzerhand zu entledigen versucht, indem er behauptete, Ich sei ein anderer. Netter Versuch, Herr Rimbaud! Trotzdem stand die Frage, wer oder was das Ich ist, quälend unbeantwortet weiterhin im Raum. Vermutlich, weil bis heute niemand auf die Idee gekommen ist, einfach mal in der englischsprachigen Wikipedia nachzuschlagen. Dort steht nämlich die Antwort schwarz auf weiss: »Ich« ist die Kurzform von *Ichthyophthirius multifiliis* und damit eine Parasitenkrankheit, die Aquariumfische befällt. Gut zu wissen: »Ich is fairly easy to treat in the freshwater aquarium«, und zwar mithilfe von »standard ich treatments«. Die Frage, wie man das noch viel lästigere Über-Ich loswird, kann hingegen auch die Wikipedia vorerst nicht beantworten.

# 11 Nachtleuchtendes

LARS HUBRICH

Es fehlten zwar die Mittel, um noch vor Drucklegung folgende Behauptung vor Ort überprüfen zu lassen, aber man wird sich nicht weit aus dem Fenster lehnen, wenn man schreibt, dass Souvenirläden in der Hauptstadt Nordkoreas, sollte es dort welche geben, wahrscheinlich keine schwarzen Postkarten verkaufen, auf denen in gelben Buchstaben »Pjöngjang bei Nacht« geschrieben steht. Dabei zeigen nächtliche Satellitenfotos, dass von allen Städten der Welt Pjöngjang eine der wenigen, wenn nicht die einzige ist, bei der der schlechte Postkartenwitz deckungsgleich mit einer Zustandsbeschreibung wäre.

Man kann sich ausmalen, was Jean Baudrillard angesichts dieser Satellitenfotos sich für einen reisserischen Titel zusammengeschustert hätte: »Pjöngjang findet nicht statt«. Ähnliches hat er ja schon mal in einem extremen Fall von Etikettenschwindel mit seinem Buch »The Gulf War Did Not Take Place« getan. Trotz des Titels schreibt er (aus dem Gedächtnis paraphrasiert), dass der Krieg an sich natürlich doch irgendwie stattgefunden habe, aber vor allem in einer medialen Version, oder so ähnlich. Genauso gut hätte er auf dem Buchcover auch Fotos von blutjungen nackten Nymphen versprechen können, um dann zu erklären, dass das natürlich nicht wörtlich gemeint war. Nun befällt einen bei Baudrillardtexten ungefähr das gleiche Gefühl, das sich einstellt, wenn man Bilder von Leuten sieht, die mit uralten, riesigen, klobigen Handys telefonieren: Man weiss, dass so was mal benutzt wurde und wahrscheinlich auch irgendwie funktioniert hat, wundert sich aber, dass Menschen sich das freiwillig angetan und nicht verzweifelt abgewandt haben.

Der Baudrillardsche Etikettenschwindel lässt sich aber vielleicht dadurch erklären, dass Baudrillard den Golfkrieg 1991 schlicht und einfach verpennt hat. Die Fernsehbilder, die tagsüber aufgenommen wurden, zeigten in der Tat nicht viel: keine Kampftruppen, keine Fronten, nur ein paar Rauchwolken hier und da. Die nächtlichen Aufnahmen hingegen lieferten die wirklich beeindruckenden Bilder: grün-schwarze Feuerwerke über Bagdad, bei denen jede Rakete, jeder Schuss, jede Explosion dank der Night-Vision-Aufnahmen zu sehen war.

Jahrelang verband man die Ästhetik der Nachtkamerabilder mit den Kriegshandlungen, die sie im Golfkrieg dokumentierten. Das änderte sich schlagartig, als die Technologie den ihr so oft vorgezeichneten Weg ging: von der Kriegsforschung zum Porno (vgl. Internet). Kameras mit Night-Vision-Funktion, die auch für Durchschnittskonsumenten erschwinglich waren, gab es zwar schon mehrere Jahre, aber es musste sich erst Paris Hilton beim Geschlechtsverkehr ohne Beleuchtung filmen lassen, bevor die grünlichen Nachtaufnahmen von einer neuen Referenz bestimmt wurden.

Aber egal ob Krieg oder Porno, beides sind nur Symptome eines grösseren Paradigmenwechsels: Das Nachtleuchten ist nicht mehr das Privileg all derer, die sich bei Tageslicht listig verbergen (Himmelskörper, Glühwürmchen, weisse Lichtschalter auf weisser Wand). Entschied früher z.B. das Glühwürmchen, wann man es bei Nacht sehen konnte, so hat sich die Nachtleuchthoheit dank Night Vision verschoben, vom Betrachteten zum Betrachter. Daraus folgt natürlich zwingend, dass man nachts sehr viel mehr sehen kann als tagsüber, egal, was einem die Postkartenclowns und Baudrillards der Welt weismachen wollen. Will man also mehr über die Welt erfahren, und das ist eines der ersten Anliegen der Riesenmaschine, so sollte man sich vor allem nachts in ihr bewegen.

*Wäre man ein verzweifelter Journalist auf der Suche nach griffigen Kurzformulierungen, spräche man vielleicht vom Nachtleuchten 2.0. Wir nehmen von solchen Floskeln natürlich Abstand.*

ALEKS SCHOLZ

# Ringe, Rätsel, Riesenwelten

Saturn ist eindeutig der Trend-Planet 2005, 2006, 2007 und so weiter. Saturn ist unter den Planeten das, was das Schnabeltier unter den Tieren ist, ein offensichtlicher Beweis für den absurden Humor des alten Mannes mit dem langen Bart, der sich das ja wohl alles ausgedacht hat, zufällig kommt so etwas doch nicht zustande. Ursache für die Saturn-Begeisterung unter den Planeten-Begeisterten ist die wagemutige Raumsonde Cassini, die seit 2004 dort herumreist und immer wieder bizarre Urlaubsgrüsse nach Hause schickt.

Man muss gar nicht über die Ringe sprechen, denn Ringe kennt und schätzt jeder, und auch wenn niemand weiss, wo sie eigentlich herkommen, es sind eben nur Ringe. Bestürzend dagegen die Rätselhaftigkeit der Saturnmonde: Japetus hat eine weisse und eine schwarze Seite, zudem rätselhafte schwarze Flecken, und exakt um den Äquator herum zieht sich ein viele Kilometer hoher Gebirgsgrat, so dass der Mond aussieht wie eine Walnuss, auf der man Schach spielen kann. Enceladus ist das weisseste Objekt im Sonnensystem, weil es komplett mit herrlichem Wassereis bedeckt ist, eine Art Gletschermond ohne Punkt und Komma, aber mit aktiven Vulkanen, der ausserdem eigenhändig einen der Saturnringe aus sich herausgedampft hat. Hyperion (siehe Bild) wiederum kommt daher wie ein unförmiger Schwamm, in den irgendein Schwamm-Esser an einer Seite ein grosses Loch genagt hat. Phoebe ist vielleicht gar kein Mond, sondern ein Komet und sieht auch dementsprechend wirr aus. Dann Mimas, der Darth Vaders »Todesstern« erschreckend ähnlich sieht. Schliesslich Titan, der populärste dieser Bande, nicht erst seit Anfang 2005 Cassini-Abkömmling Huygens auf ihm landete, ein ähnlich schwieriges Kunststück wie die Quadratur des Kreises oder so. Dank Huygens wissen wir nicht nur, dass Titan aussieht wie ein Elefanten-

*Vom »New Scientist« im Januar 2006 wissenschaftlich korrekt »Motley Crew« genannt.*

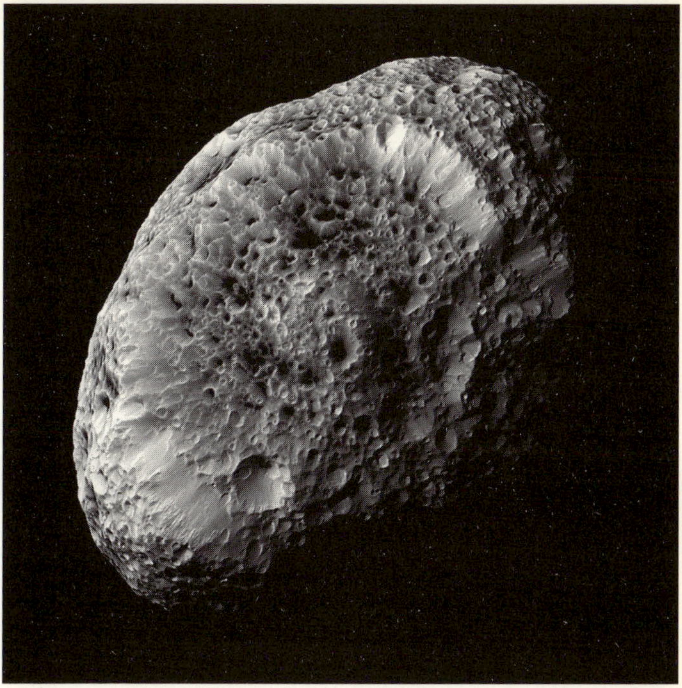

▲ Supermond Hyperion (einfach toll)

arsch, was, kaum überraschend, Wissenschaftler zu Vergleichen mit Frankreich oder England nötigt, sondern auch von den grossartigen Rauschgeräuschen, die er zustande bringt. Seit Jahrzehnten steht Titan auf der Wunschliste von allen, die es auf der Erde nicht mehr aushalten, obwohl niemand so genau wusste warum. Heute kann man es sehen: Titan bietet Methanflüsse, Eisdünen, schönes Wetter und eine phantastische Aussicht, und das ist weit mehr als die allermeisten anderen Orte.

Saturn hat übrigens mindestens 49 Monde, und das waren bis jetzt nur sechs davon. Wieso haben wir eigentlich nicht 49 Monde, alter Mann?

# Dunkelheit, *wohin?*

KATHRIN PASSIG

Dunkelheit ist bei den meisten Menschen nicht sonderlich beliebt, selbst wenn sie unter dem Bett stattfindet, wo sie unter sich bleibt und eigentlich niemanden stört. Energisch strebt man danach, die Dunkelheit aus jeder Nische herauszufeudeln, so dass man schon bald eintrittspflichtige Dunkelheitsschutzanlagen aufsuchen müssen wird, nur um seinen Kindern einmal im Leben eine gepflegte Dunkelheit zu zeigen. Weil wir aber den Wunsch unserer Leser achten, ihre Wohnungen frei von ungepflegten dunklen Stellen zu halten, weisen wir hier auf das *Blue Moon Night Light* hin. Unter dem Bett aufbewahrt wirkt es bis zu zehn Jahre lang gegen menschenfressende Monster. Dunkelheitsschutztipp: Ein ersatzhalber aufgestellter umgedrehter Blumentopf, ein Laubhaufen oder zur Not auch das Innere eines (geschlossenen!) Kühlschranks gewähren der Dunkelheit Zuflucht und helfen, sie auch für kommende Generationen zu erhalten.

ALEKS SCHOLZ

# Von Kugeln *und* Löchern

Kugelsternhaufen gehören zu den irrsinnigsten Erfindungen in der Geschichte der Erfindungen. Wenn sich heute jemand so was wie das oben Abgebildete ausdächte, dann würde man ihn vermutlich entweder mit einem spitzen Stock totprügeln oder mit einem Zombierocksong zum Schlager-Grandprix schicken. Der grösste Kugelsternhaufen in unserer Nähe heisst standesgemäss G1 und befindet sich im Andromedanebel, also nur zwei Millionen Lichtjahre entfernt. Und jetzt das eigentliche Spektakel: Es erhärtet sich allmählich der Verdacht, dass dieses wirre Monster im Inneren ein mittelgrosses Schwarzes Loch beherbergt, also eines dieser ultramassiven Geräte, die man nicht im Bett haben möchte. Supergrosse Schwarze Löcher sind relativ ubiquitös, nahezu jede Galaxie hat eines, und eher kleine Löcher fliegen auch in grosser Vielzahl durch die Gegend. Aber mittelgrosse Löcher, die fand man bisher nirgends. Vielleicht befindet sich eines im Kugelsternhaufen G1, vielleicht deswegen, weil die Beobachtungen von David Pooley und Saul Rappaport leider kein eindeutiges Ergebnis liefern, sondern nur einen abermaligen Verdacht. Aber Verdacht hin oder her, selbst der leiseste Verdacht, dass dieses Kugelspektakelding im Innern, wo es vor Sternen dermassen wimmelt, dass man die Bäume nicht mehr sieht, ein Loch beherbergen könnte, ist es wert, erwähnt zu werden, was hiermit erledigt wäre. Ein Superloch im Superhaufen, wer hätte das gedacht.

*Dieses Wort gibt es vermutlich gar nicht.*

*Nachzulesen im »Astrophysical Journal«, Jahrgang 2006, Bd. 644, Seite 45.*

KAI SCHREIBER

# Gottesbeweise

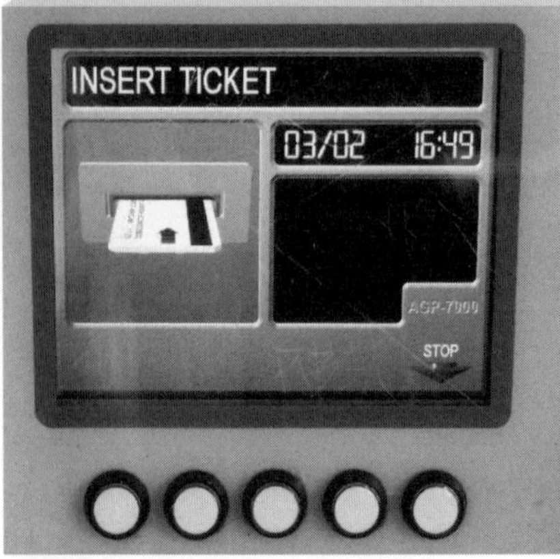


◀
**Auch am Omegapunkt muss man erstmal einen Parkplatz finden.**

Der durchgedrehte Physiker Frank Tipler behauptete vor einigen Jahren, einen Gottesbeweis vorlegen zu können, inklusive unser aller Unsterblichkeit. Sein Beweis lief im Wesentlichen darauf hinaus, dass in der Zukunft die Vergangenheit auf einem Emulator laufen wird, mit all ihren Bewohnern, und wir also alle wiederkommen. Der Gedanke ist eng verwandt mit dem Argument Nick Bostroms, wonach wir alle nachweislich schon jetzt in einer Simulation leben. Er ist ausserdem natürlich fast vollkommen bescheuert und also wunderbar.

Etwas weniger, aber auch noch ziemlich bescheuert ist das oben abgebildete Interface eines Parkautomaten in Santa Cruz, in dem die Technologie der Gegenwart (mehrfarbige hochauflösende LCD-Flachbildschirme) die der Vergangenheit (eine einfache LCD-Anzeige inklusive einer simulierten Plastikmaske drum) ohne sachliche Not emuliert und so mitleidig am Leben erhält. In fünfzig Jahren, wenn es virtuelle, riechbare 3D-Displays mit tastbaren Oberflächen geben wird, werden sie ohne Zweifel aussehen wie ein Casio-Taschenrechner, nach Fahrradöl stinken und sich anfühlen wie ein Abakus. Unsterbliche Vergangenheit, du bist Gott.

RUBEN SCHNEIDER

# Lumen de Lumine

Nicht erst seit Galileo Galilei ist das Verhältnis von Naturwissenschaft und Theologie ein verkorkstes. Schon seit Philon von Alexandrien schwelt die Debatte um die richtige Regelung des nachbarschaftlichen Nebeneinanders von Glaube und Wissen. Wie überall gibt es auch auf diesem Feld einige Extrempositionen, z.B. Fideisten und Rationalisten, sowie einige Entgleisungen wie etwa den US-amerikanischen Neokreationismus. Mit Schaudern denkt man auch an die seit Siger von Brabant durch die Hörsäle geisternde Möglichkeit einer *duplex veritas*, einer Doppelwahrheit in dem Sinne, dass die Sonne sich zugleich um die Erde drehen und auch nicht drehen könnte. Auf dem Mittelfeld aber tummeln sich weiterhin viele Zwischenpositionen, von denen vor allem Thomas von Aquin mit seiner berühmten Harmonie zwischen *Lumen naturale* (natürlichem Licht des Wissens) und *Lumen supernaturale* (übernatürlichem Licht der Offenbarung) erwähnt sei.

*»Das Wissen ist aus den Heiligen Schriften der Juden gestohlen« (Hrabanus Maurus)*

*Und umgekehrt.*

Viel einfacher war seit jeher das Verhältnis von Theologie und Wirtschaft. Für kostenintensive Unternehmungen, wie die Realisierung Epoche machender Kirchenbauten, wurden schnell effiziente Lösungen gefunden. Wie in italienischen Kirchen schon seit Längerem gesichtet, bahnt sich aber inzwischen auch im deutschen Sprachraum eine noch höhere Verbindung zwischen übernatürlichem, natürlichem und ökonomischem Licht an, nämlich in Form von elektrischen Opferkerzen, die gegen Münzeinwurf eine festgesetzte Zeit lang leuchten. Wenn eine solche *triplex veritas* in heiligen Hallen selbstverständlich wird, dann sollte in profanen Seminarräumen doch bald auch eine betriebswirtschaftliche Elektronentheologie möglich sein.

*Petersdom, Finanzierungsproblem, Ablasshandel, Sie wissen schon.*

ALEKS SCHOLZ

# Die dunkle Seite

»Irgendwie dunkel« titelte die Zeit circa im Jahr 2001 zur Entdeckung der Dunklen Energie, bis heute eines der grössten Rätsel der modernen Wissenschaft – gleichzeitig aber das Comeback des Jahrhunderts. Rückblende: Ein junger Mann namens Einstein war etwa 1917 restlos davon überzeugt, dass das Universum statisch sein müsse, also weder expandiert noch kontrahiert, und baute daher kurzerhand ein grosses »Lambda=-1« in die Gleichungen zur Entwicklung des Universums ein, die kosmologische Konstante. Lambda hielt das Weltall stabil, also theoretisch. Dies wiederum war nicht sehr lange haltbar: Edwin Hubble, Hobbyboxer und Rechtsanwalt, mass Geschwindigkeiten von Galaxien und fand Ende der 20er die Expansion des Universums. Einstein reagierte umgehend und nannte Lambda den grössten Fehler seines Lebens.

Kurze Zeit später, im Jahr 1998 – Einstein ist mittlerweile einfach so gestorben – stellt sich heraus, dass das Weltall nicht nur expandiert, sondern dabei auch noch immer schneller wird, von irgendwas beschleunigt, das seitdem allgemein als »Dunkle Energie« bekannt ist, und die es nötig macht, einen Zusatzterm in die kosmologischen Formeln einzubringen, im Prinzip dieselben Gleichungen, mit denen Einstein haderte. Was dieses dunkle Zusatzzeug genau sein soll, weiss niemand, aber zumindest kann man »Es« seit ein paar Jahren ziemlich akkurat ausmessen. Im Prinzip muss man nur dasselbe wie Hubble tun: Entfernungen und Geschwindigkeiten von möglichst vielen Galaxien bestimmen. Die Komplikation dabei: Es handelt sich um Objekte, die Gigalichtjahre entfernt sind. Erste Ergebnisse des grössten Projekts dieser Art, durchgeführt von einem vorwiegend kanadisch-französischen Team, zeigen im Jahr 2005 leicht überraschend, dass sich dieses dunkle Etwas kaum in Zeit und Raum verändert, es ist offenbar, hm, konstant. Konstant! Eine Konstante praktisch also! Die neuen Messungen ergeben zudem, dass diese Konstante, nennen wir sie, nur aus Spass, »Lambda«, praktisch gleich minus eins ist – und plötzlich erscheint der Blödsinn Einsteins in einem völlig anderen Licht. Er hat das alles schon gewusst, nur falsch ausgedrückt.

Die Lehre daraus: Nie Fehler zugeben, nie. Was hätte aus diesem Einstein werden können, er könnte heute richtig berühmt sein.

# 12 Was fehlt

KAI SCHREIBER

Es gibt auf dieser löchrigen, stets verbesserungsfähigen und oft ungewaschenen Welt drei prinzipielle Sorten von Mangel.

Die erste Sorte von Mangel ist die bedrohlichste. Es ist das Loch. Mit anderen Worten: das wahrnehmbare Fehlen von etwas, das eigentlich vorhanden sein müsste. Hunger, Vereinsamung und kein hinreichend schnelles Internet am Krankenbett sind nur drei Beispiele zahlloser solcher Löcher im Gefüge. Erzeugt werden diese Löcher durch Erwartungshaltungen. Die des Körpers etwa, dass Verdaubares in ihn gestopft werde, oder die der liebenden Seele, wiedergeliebt zu werden. Ohne eine solche Erwartung ist ein Loch kein Loch, sondern nur Teil des Nichts, infolge der Erwartung aber prangt es als sogenannter weisser Fleck auf den Landkarten, löst ein schmerzliches Vermissen aus, oder lockt mit Herausforderung. Warum ein Loch gestopft werden musste, ist denn auch keine gute Frage, die Antwort offensichtlich: weil es da war.

Das Loch als Teil des Nichts ist die zweite Sorte von Mangel. Es handelt sich dabei um eine stille Abwesenheit, die erst nach ihrem Ende sichtbar wird. Als Dirac 1928 die Existenz des Gegenteils eines Elektrons vorhersagte, geschah das nicht, um den Hunger der Menschheit nach Dingen zu stillen, die nach ihrer Entdeckung vier Jahre später dann Positronen hiessen, denn die Menschen hungerten in den späten zwanziger Jahren nach so allerhand, aber jedenfalls nicht nach Positronen. Dirac erklärte die Existenz von Positronen durch eine Metapher, die ebenfalls niemand vermisst hatte: Die Welt sei ein riesiger, unsichtbarer See, aus dem man tropfenweise Flüssigkeit heben kann. Die Tropfen sind in diesem Bild die Elektronen oder Teilchen im Allgemeinen, die Löcher, die im See zurückbleiben, die entsprechenden Antiteilchen. Wegen der Symmetrie von Materie und Antimaterie kann man dieses Bild auch in Australien benutzen, wo ja bekanntlich alles auf dem Kopf steht. Es tauschen dann See und Himmel ihre Plätze; wo zuvor eine Lücke war, prangt nun ein Guthaben; was man sicher zu haben glaubte, fehlt nun.

Dieser zweite Mangel ist abhängig von dem, was wir zu wissen glauben, und sein Auftreten so beliebig wie unsere jeweiligen Ansichten: wer auf dem Kopf geht, hat die Löcher in den Socken über sich.

Die dritte Sorte von Mangel ist die Wäschemangel. Ihre Untersuchung fehlt hier.

▲ **Bild fehlt!**

KATHRIN PASSIG

In einigen Erstweltländern lebt man menschenrechtstechnisch gesehen mittlerweile, wie die Made im Speck leben würde, gäbe es Madenrechte. Die Interessen von Schwulen, Lesben, Neugeborenen und Menschen, die nicht von hier sind, werden vorbildlich gewahrt. Zeit also, sich den weniger bekannten, nach wie vor gedemütigten Minderheiten zuzuwenden. Zum Beispiel denjenigen Menschen, die beim Einkauf gern ungestört sind und keinesfalls von Verkaufspersonal mit Fragen wie »Suchen Sie was Bestimmtes?« behelligt werden möchten. Genügt es denn nicht, dass wir uns mit hochgeklapptem Kragen und niedergeklapptem Blick in die Verkaufsstätte schleichen, jeden Blickkontakt zu Angestellten meiden und, einmal angesprochen, den Laden fluchtartig verlassen?

Hier ein Vorschlag zur Weltverbesserung, der sowohl das Interesse der Verkäufer berücksichtigt, Unentschlossenen irgendwas aufzuschwatzen, als auch das Interesse mancher Spinner, sich »persönlich beraten« zu lassen: Könnte man nicht im Eingangsbereich eine Ausgabe für »Nicht ansprechen«-Kennzeichen aufstellen, also etwa bratpfannengrosse Anstecker in Leuchtfarben oder Hüte mit Flaggen dran, und dann alle in Frieden lassen, die einen solchen Schutzzauber tragen? Oder aber man erfindet einfach irgendein weltumspannendes Datennetz, das das Kaufen von Dingen ermöglicht, ohne dass man sich dazu nach draussen begeben muss. Eins von beidem lässt sich doch sicher einrichten.

# Schlaflos, fast überall

ALEKS SCHOLZ

Serviceangebote zum Schlafen sind weltweit extrem selten. Während es heute fast unmöglich ist, an normalen Orten zu verhungern oder zu verdursten, wird man praktisch überall dazu gezwungen, sehr müde zu sein. Bestes Beispiel sind Flughäfen, Orte also, an denen es vor müden Menschen nur so wimmelt. Trotzdem kommt fast keiner auf die naheliegende Idee, ihnen für einen gewissen Preis genau das zu geben, was sie suchen. Und wir reden hier nicht über teure Hotelzimmer mit Badewanne und Gardinen und Tischen und allem. Nein, ein schlichtes Bett an einem ruhigen, dunklen Ort würde schon genügen. Die Wirklichkeit hingegen: Im Jahr 2005 gibt es weltweit exakt 20 Flughäfen mit »Sleep rooms«. Schlimmer noch: Alle anderen beteiligen sich offenbar am internationalen Wettbewerb »Schlaf verhindern – so geht's«, mit Neonröhren, die etwa die Helligkeit einer Supernova generieren, Plastiksitzen mit unzerstörbaren Armlehnen sowie minütlichen Warnungen vor Taschendieben in acht verschiedenen Sprachen. Unter diesen Voraussetzungen muss man sich nicht wundern, wenn immer mehr Menschen in Flugzeugen absurde Dinge tun, z.B. in Hochhäuser fliegen, denn Schlafentzug führt unter anderem zu Wahrnehmungsstörungen, schliesslich zum Tod (zumindest bei Ratten). Hier der Workaround: Zum Glück verfügen weit mehr Flughäfen über öffentliche Gebetsräume (obwohl Nicht-Beten nicht unbedingt tödlich ist, jedenfalls nicht so schnell). Man muss also lediglich so tun, als gehöre man einer exotischen Religion an, die vorschreibt, jede Nacht acht Stunden zu beten, und zwar mit Kopf auf dem Kissen, geschlossenen Augen und leichten Schnarchgeräuschen.

# Der FBW-1

LUKAS IMHOF

Zeit ist, wie jeder weiss, relativ. Das ist schnell gesagt, aber noch lange nicht verstanden. Deshalb soll es hier anhand eines Beispiels erklärt werden: 6 Uhr morgens kann für eine freiberuflich tätige Grafikerin sehr früh, für eine Bäckerin hingegen sehr spät sein (zum Aufstehen). 2 Uhr nachts hingegen ist für die Bäckerin sehr spät, während es für die Grafikerin grad so mittel ist (zum Biertrinken). So einfach ist es aber nicht, denn 6 Uhr morgens ist für die Grafikerin manchmal auch wieder spät, denn normalerweise geht sie um fünf ins Bett. Weil dem so ist, wäre es höchste Zeit, neue Weckprodukte auf den Markt zu bringen – solche für Freiberufler nämlich. Die Aufstehzeit würde damit nicht absolut, sondern relativ zur Einschlafzeit definiert.

Der Schläfer müsste die Aufstehzeit nicht jeden Abend an die jeweilige Einschlafzeit angleichen, indem er vom voraussichtlichen Zeitpunkt des Wegdämmerns die nötigen sechs Stunden addiert, sich so eine vernünftige Weckzeit errechnet und sich dann mühsam und fehleranfällig (am/pm!) zur berechneten Aufstehzeit durchklickt. Bei diesem neuartigen Wecker für Freiberufler drückt man einfach die Taste go! und wird dann eine bestimmte Anzahl Stunden später geweckt. Die Abbildung zeigt einen Prototypen, den Freiberuflerwecker 1, der im nächsten Jahr von der Riesenmaschine auf den Markt gebracht werden soll, um aktiv zur Weltverbesserung beizutragen. Der fbw-1 verfügt neben der go!-Taste über eine analoge Anzeige der noch zu schlafenden Stunden, die mit dem griffigen Drehregler einfach eingestellt werden kann. Die Abbildung zeigt die beliebte Ausführung in Bakelit mit Tasten aus gebürstetem Edelstahl und geprägten Beschriftungen. Wir lassen dieses Produkt in einem thüringischen Uhrmacherbetrieb von Hand fertigen. Das Gehäuse stammt aus Unterfranken. Und wir liefern den fbw-1 in einem Lederetui aus festem, grubengegerbtem Allgäuer Rindsleder.

# Praecox-Bescheid

IRA STRÜBEL

Wie das mit Verabredungen ist, seit es Handys gibt, weiss man ja: Drei Anrufe braucht der Mensch dafür heutzutage, wenn nicht sogar zwei. Allerdings soll man diesen Umstand nicht allzu verbissen bemeckern, denn Verspätungen können so immerhin telefonisch entschuldigt werden, noch bevor sie überhaupt stattfinden. Das ist zumindest gefühlt effizienter als umgekehrt.

*54 % der in Grossbritannien befragten Frauen unter 25 Jahren nutzen ihr Handy in der Öffentlichkeit, um u.a. aufdringliche Männer davon abzuhalten, sich ihnen zu nähern.*

Wer allerdings im Sommer 2006 bei Alceste Bonanos vom Department of Terrestrial Magnetism der Carnegie Institution in Washington angerufen hat, um ihr – entschieden nachträglich – mitzuteilen, dass der Anfang des Universums verschoben wurde, ist nicht bekannt. Wichtig ist nur, dass sie auch uns Bescheid gegeben hat, alles habe wohl möglicherweise circa zwei Milliarden Jahre früher angefangen.

*Wie so oft ist die ganze Wahrheit etwas komplizierter und hat mit neuen Messmethoden, schicken Apparaten und Schätzwerten zu tun. Spektakulär ist das Ganze natürlich trotzdem.*

All jene, die erst im 20. Jahrhundert geboren wurden, müssen sich jedoch nicht weiter grämen: Wir werden dadurch keinen Tag älter, auch wenn möglicherweise einzelne in unseren Leibern verwendete Atome noch mehr Vorbesitzer hatten, als wir bislang ahnten und beim einen oder anderen der Tacho manipuliert sein könnte. Trotzdem: Bier schon mal kaltstellen und Akku aufladen, bevor die Hubble-Konstante komplett durchknallt. Könnte ja sein, dass es beim nächsten Anruf plötzlich heisst, pardon, vertan, heute Abend um acht geht alles von vorne los. Dann besser bereit sein!

KATHRIN PASSIG

# Das vorhandenste Taschenmesser der Welt

Ein Taschenmesser besitzen und ein Taschenmesser dann haben, wenn man eines braucht, ist bekanntlich nicht dasselbe. Aber das uralte Menschheitsproblem der – manchmal jahrtausendelangen – Abwesenheit von Taschenmessern kann durch den Erwerb des Black Bear One Hand Action ein für allemal aus der Welt geschafft werden. Zwar lässt sich das Messer keineswegs, wie der Name zu suggerieren scheint, mit einer Hand bedienen, aber das ist ja beim Einhandsegeln nicht anders. Auch die eher zurückhaltenden Kundenbewertungen auf globetrotter.de (»Schrott!«, »Schlechtes Plagiat!«, »Etikettenschwindel!«) sollten kein Kaufhindernis darstellen, denn die eigentlichen Features dieser Wunderwaffe unter den Taschenmessern sind der Preis von 2 Euro 50 und eine Öse am Hinterende. Wer also zehn Stück zum Preis eines einzigen herkömmlichen Taschenmessers erwirbt und mit Schnüren an zentralen Punkten seiner Behausung festknotet, dem wird nichts mangeln. Denn eine mittelmässige, aber vorhandene Lösung ist einer exzellenten, aber gerade unerreichbaren jederzeit vorzuziehen, wie jeder weiss, der sich mit One Hand Action auskennt.

*Hier schliesst sich gewissermassen der Kreis.*

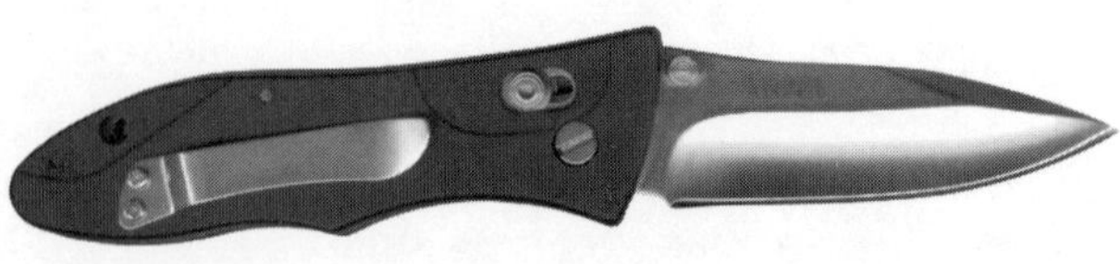

▲ **Messer**

KATHRIN PASSIG

# Länderwahlomat

Wie man gerade in letzter Zeit gesehen hat, ist es manchmal viel einfacher, ein schon vorhandenes Land zu wählen und dort hinzuziehen, als das Land, in dem man bereits ist, durch aufwändige und unzuverlässige Wahlen so umzugestalten, wie man es gern hätte. Aber nur zu oft werden Auswanderungsentscheidungen anhand falscher oder nichtiger Gründe (Wetter, Anzahl der bereits im fraglichen Land angesiedelten Verwandten) getroffen.

Wie viel besser eingerichtet wäre doch die Welt, wenn es analog zum Wahlomaten oder diversen Handykaufhilfen im Netz eine Entscheidungshilfe für Auswanderungswillige gäbe. Verschiedene Staatsparameter wie »Generelles Tempolimit auf Autobahnen«, »Todesstrafe«, »Recht auf Waffenbesitz für alle«, »Vorhandensein von Streifenhörnchen« könnten mithilfe der Radiobuttons »Muss sein«, »Darf nicht sein« und »Mir egal« abgefragt werden, bei anderen (Nichtrauchergesetzgebung, Drogenfreigabe, Pornographie-Einmischung, Datenschutz, Sterbehilfe, wilde und giftige Tiere, Erdbebenrisiko) braucht man vielleicht ein, zwei Optionen mehr. Selbstverständlichkeiten wie Zensur (will keiner) und 24-Stunden-Supermärkte (will jeder) kann man sich bei der Abfrage sparen.

wahlomat.de

Ritzfitz hätte man sich seinen Wunschstaat zurechtgeklickt, und wer weiss, ob dabei am Ende nicht ein Auswanderungsland herauskommt, auf das man nie von selbst verfallen wäre (Nauru, Belgien). Auf der anderen Seite könnten aufmerksame Staaten verfolgen, welche Optionen – insbesondere von solventen Akademikern – häufig gewünscht, aber nur selten angeboten werden und damit in neue Marktnischen vorstossen. Insgeheim wird natürlich genau dieses Verfahren von gewissen Staaten (Holland, Kanada) bereits praktiziert. Kleiner uneigennütziger Tipp von uns an alle anderen: Die attraktive Kombination aus liberaler Drogenpolitik *und* Streifenhörnchen ist noch frei.

ALEKS SCHOLZ

# WAS MAN HERUMTRAGEN SOLL:

Nichts. Das muss das Ziel sein, auch wenn wir uns zurzeit extrem schnell davon wegbewegen. Denn genauso, wie der moderne Mensch zu Hause in rasender Eile immer mehr Gegenstände anhäufelt, nimmt er immer mehr davon mit, wenn er das Haus verlässt. Vor 100 Jahren noch, es waren paradiesische Zeiten, weder Handy noch Weltkrieg erfunden, trug niemand etwas auf der Strasse. Die Hände frei, die Taschen leer, andächtig dem Verkehrslärm statt dem iPod lauschend und die Augen forschend auf die Umgebung gerichtet. Es waren Zeiten des Aufbruchs, der Begeisterung; Röntgenstrahlen wurden gefunden, Quanten und Atomkerne entdeckt, nur weil man es vorzog, sich die Realität genau anzusehen, anstatt sich mit Telekommunikation und Mikroelektronik zu befassen.

Soziologen haben zum neumodischen »Carry-stuff«-Phänomen einige Erklärungen anzubieten, die sicherlich alle stimmen: Man wiegt sich im Glauben, man könne ohne dreihundert Gegenstände am Körper nicht mehr leben. Man erhebt Sekundär- zu Primärbedürfnissen, weil man sich um Letztere scheinbar keine Sorgen mehr machen muss. Ohne das unsichtbare Netz aus Dingen um ihn herum aber wäre der moderne Mensch hilflos, zappelte aufgeregt und überfordert hin und her, weil er nicht mehr weiss, was ein Kanaldeckel ist, um nur mal ein Beispiel zu nennen. Nachdem wir den Kelch mit vergifteten Dingen ausgetrunken haben, bleiben wir überlebensunfähig zurück und die Welt der Sachen hat leichtes Spiel mit uns. Sie werden uns so lange quälen, bis wir genauso leblos sind wie sie. Deshalb hier der Weg zum Heil: 1) Staatlich verordnete Stromausfälle an geheimen Tagen. 2) Drastische Steuern auf Hosentaschen, ach, Taschen generell. 3) Vorgeschriebenes Mindestgewicht für alle im Handel erhältlichen Gegenstände (circa 18 Kilogramm). Sie werden sich noch wundern, diese hirnlosen Dinger.

*Nachzulesen in der »Washington Post« vom 7. Februar 2006, wie ja generell die Zeitungen voll von Erklärungen sind.*

KATHRIN PASSIG

# Automatische Fische

Frühere Zukunftsvisionen sahen phantasieloserweise vor, dass Roboter für uns abspülen, die Hausaufgaben erledigen und uns vielleicht noch sexuell zu Willen sein sollten. Wie sich jetzt allmählich herauskristallisiert, wird es wahrscheinlich auch diesmal wieder ganz anders kommen: So hat das London Aquarium drei Fischroboter angeschafft, die den Fischen die Arbeit des Fischseins abnehmen, indem sie sich genau wie Fische benehmen. Die automatischen Fische wurden unter Prof. Huosheng Hu an der Universität Essex entwickelt, können batteriebedingt bis zu fünf Stunden lang umherschwimmen und sollen sich ein Aquarium mit echten Fischen teilen. Das eröffnet die herrlichsten neuen Perspektiven: Schon bald wird es Roboter geben, die an Bushaltestellen herumlungern und hin und wieder auf die Strasse spucken, Roboter in Form von Steinen, die sich täuschend echt wie echte Steine verhalten und vielleicht sogar mechanische Robotikforscher, die sich diesen ganzen Quatsch vollautomatisch ausdenken. Man könnte sie an einer Uni zusammen mit echten Wissenschaftlern halten und sie – wie den oben abgebildeten Fisch – etwas grösser und schöner gestalten als ihre Vorbilder. Ach, es gäbe noch viel dazu zu sagen, aber ich muss zurück an die Ladestation.

*Auf dem Heimatplaneten der Raelianer gibt es bekanntlich maschinell hergestellte nackte wunderschöne Sklavinnen.*

# 13 Sachen kaufen

HOLM FRIEBE

So ähnlich wie mit Schrödingers Katze, die tot und lebendig zugleich in ihrer Kiste hockt, bis man genauer nachschaut, verhält es sich auch mit den unbelebten Dingen, sobald sie zu Waren werden. »Eine Ware«, schreibt Karl Marx im ersten Band des Kapitals, »scheint auf den ersten Blick ein selbstverständliches, triviales Ding.« Ihre genauere Analyse ergebe aber, dass sie »ein sehr vertracktes Ding ist, voll metaphysischer Spitzfindigkeit und theologischer Mucken.« Ein Holztisch zum Beispiel: Solange er einfach nur in der Wohnung herumsteht, »bleibt der Tisch Holz, ein ordinäres sinnliches Ding«, an dem man frühstücken kann. »Aber sobald er als Ware auftritt, verwandelt er sich in ein sinnlich übersinnliches Ding. Er steht nicht nur mit seinen Füssen auf dem Boden, sondern er stellt sich allen andren Waren gegenüber auf den Kopf und entwickelt aus seinem Holzkopf Grillen, viel wunderlicher, als wenn er aus freien Stücken zu tanzen begänne.« Einen tanzenden Holztisch, genauer: den »Dancing Table #1« des Künstlers Tom Deady, handgefertigt aus hawaiianischem Koa-Hartholz, kann man übrigens beziehen über die Galerie Artistic Images of Prescot in Arizona, Preis auf Anfrage.

Das merkwürdige und metaphysische Eigenleben der Sachen, die uns umgeben und die wir konsumieren, rührt laut und seit Marx eben daher, dass sie ja keineswegs bloss Gebrauchsgegenstände mit Gebrauchswert sind, sondern als Tauschwerte im Reigen der Eitelkeiten mitspielen. Sie sind – zeitgemässer ausgedrückt – dazu da, uns als Person zu komplettieren, indem sie uns zurückspiegeln, wer wir sind. Das ist quasi ihre postfordistische Jobbeschreibung: »Indem der Schein, worin die Waren einherkommen, die Menschen ausdeutet, versieht er sie mit einer Sprache zur Ausdeutung ihrer selbst und der Welt. Eine andere als die von den Waren gelieferte steht bald nicht mehr zur Verfügung«, schreibt

Wolfgang Fritz Haug in seiner »Kritik der Warenästhetik« von 1970. Mit anderen Worten: Die Kauf-, Leasing- und Mietsachen sind Krücken auf dem Weg zu uns selbst. Indem wir Sachen kaufen, verlängert sich unser Selbst in die Gegenstände hinein. Und die Rede ist hier nicht allein von Penisverlängerungen, die uns täglich per Mail von Menschen wie Garza Elijah, Garnet Sattler oder Valeria Navarro anempfohlen und nahegelegt werden. Ein sehr guter Penis im Multiplayer-Onlinespiel Second Life wie der 3.3 von Doctor Austin kostet übrigens an die 800 Linden Dollars, das sind umgerechnet etwa 2,70 €. Dafür kann er aber auch richtig urinieren, erigieren und ejakulieren. So wird auch der Avatar, die Verlängerung der eigenen Person in den virtuellen Raum, zum Prothesengott – zu einem mit einem prächtigen Gemächt.

Nein, man kann nicht behaupten, dass die Bevorratung mit Konsum- und Gebrauchsgütern rational vonstatten ginge, dass wir als Einkäufer jederzeit Herr des Verfahrens, der Lage oder auch nur unserer selbst wären. Wie sonst ist zu erklären, dass in rechtsdrehenden Supermärkten, also solchen, die im Gegenuhrzeigersinn durchlaufen werden, im Schnitt zehn Prozent mehr Geld ausgegeben und Umsatz generiert wird als in linksdrehenden? Herausgefunden hat das der amerikanische Shoppingwissenschaftler und »Meister der Kundenflussforschung« Herb Sorensen. Einen triftigen Grund für diese merkwürdige Diskrepanz bleibt allerdings auch er schuldig – »Sie soll auf der Asymmetrie unseres Gehirns beruhen« (NZZ Folio 11/2006). Nun sollte uns die Tatsache, dass wir beim Einkaufen Opfer und Spielball unserer Launen und eines ingesamt schrottreif verbogenen Gehirns sind, das für die Komplexitätsanforderungen moderner Zivilisation keineswegs ausgelegt ist, nicht unfroh machen. Tut sie auch nicht, im Gegenteil: Wissenschaftler der University of British Columbia haben den irrationalen Impulskauf in der Laborsituation nachgestellt und erforscht. Ergebnis: »Kunden greifen offenbar zu dem Produkt, das ihnen ein gutes Gefühl verschafft, selbst wenn ihnen bewusst ist, dass die Alternative bessere Eigenschaften bietet. Und das ist auch gut so, denn noch einen Monat später werden sie selig sein mit ihrem neuen Schatz – glücklicher als mit der Vernunftentscheidung.« (Spiegel 44/2006) Einen echten Schatz, bestehend aus zwölf kinderfaustgrossen farbigen Glasdiamanten in schmucker Schatulle, kann man übrigens mit etwas Glück bei eBay für 15 € ersteigern. Kathrin Passig hat es kürzlich für ihren Neffen ausprobiert und war sehr angetan.

Finden wir uns also damit ab: Wir sind die nützlichen und gut gelaunten Idioten des Konsums, und die Waren machen mit uns, was sie wollen. Noch weiter in diese Richtung geht die US-Soziologin Eva Illouz mit ihrer Studie »Der Konsum der Romantik«. In psychologischen Tiefeninterviews mit ihren Landsleuten fand sie heraus, dass die heutige Vorstellung von Romantik unauflöslich an Konsumerebnisse geknüpft ist – vom Kinobesuch übers Kerzenlicht-Dinner bis zum Exotikurlaub – und folgert, »dass die Warenwelt und die Teilhabe am Freizeitmarkt die Liebesbeziehungen mit Bedeutung und Vergnügen versehen, die der Phänomenologie der romantischen Beziehung eher entsprechen als ihr feindlich gegenüberzustehen.« Danach wären Romantik und Konsum heutzutage also fast Synonyme. Die blaue Blume, genauer: ein 3er-Set des Leberblümchens »Blue Jewel« gibt es im Internet übrigens via Baur-Versand für 8,99 € zuzüglich 4,95 € Versandkosten.

▲ Kein Brikett, brennt aber auch (wahrscheinlich).

# Hurra, Unverhältnismässigkeit

SASCHA LOBO

Die Firma Samsung hat ein neues Handy auf den Markt geschmissen, das sich offenbar an flachverständige Personen richtet. Es heisst wie alle anderen Handys auch, in diesem Fall SCH-B600. Weil heute alle Geräte mindestens ein herausragendes Feature haben müssen, hat auch dieses eins, nämlich eine Fotokamera mit 10 Megapixeln. Da die dazugehörige Linse jedoch noch dem Rahmen der handtelefonüblichen Massstäbe verhaftet bleibt, ist die schöne, grosse, riesenhafte Pixelanzahl »für den Pflock«, wie ein Linsenkundiger zu berichten weiss. Es sei, als würde man »einen Strohhalm bereitstellen, um das Wasser einer Staudammsprengung abzuleiten«, so der Linsenkundige weiter, wenn er auch zugibt, keine besondere Begabung für Metaphern ausgebildet zu haben. Fantastisch! Wir brauchen mehr Unverhältnismässigkeit! Wider die technokratische, überrationale Logik der gleichmässigen Weiterentwicklung, wir wollen Mofas mit Nuklearantrieb, wir wollen Einweg-Platinzahnstocher, wir wollen drahtlose Mäuse, die bis 200 Kilometer Entfernung funktionieren. Und wir werden sie bekommen.

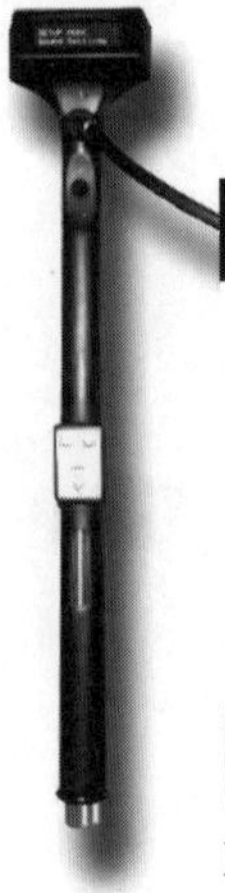

# Dudel *ohne Sack*

Kein fühlender Mensch wird ableugnen können, dass der Dudelsack der König unter den Musikinstrumenten ist. Dass er in einer Gegend entwickelt wurde, in der auf jedem Quadratkilometer ein halbes Schaf und null Menschen leben, kann nur daran liegen, dass Dudelsackisten den lieblichen Klang ihres Instruments ganz für sich behalten wollen. Der letzte, konsequente Schritt in diese Richtung ist mit dem sacklosen Dudel vPipes jetzt getan: vPipes kann man in dichtbesiedelten Gebieten nach Mitternacht kopfhörertragend betätigen, in menschenleeren Einöden aber natürlich auch an einen Verstärker anschliessen. Leider scheint es sich um einen Prototypen zu handeln, der endgültige Preis soll wohl, wie anderswo im Web berichtet wird, knapp 1.000 Euro betragen. Hark hear the pipes not calling!

Allgemein geschätzt würde es nebenbei, wenn derselbe Hersteller sich nach Vollendung der vPipes der Produktion einer lautlosen Blockflöte widmen würde, die nicht mehr als 50 Euro kosten dürfte. Die Entwicklungskosten werden eventuell anteilig von Eltern und Anrainern von Grundschulkindern übernommen.

# DEPPENMAGNETEN

TEX RUBINOWITZ

In den sogenannten Produktverbesserungsabteilungen der grossen Stützen des Handels, also Tiernahrung, Schokoriegel, Klopapier usw., herrscht eine ähnlich gereizte und verzweifelte Atmosphäre voller Misstrauen, Eifersucht und unverhohlenem Abkupfern wie bei Tatort-Drehbuch- und Weblogautoren. Lange vor dem Klingenkrieg kam es auf dem Tab(letten)-Sektor ausgerechnet zwischen einem Zahnersatzreiniger und einem Geschirrspülmittel zu einem erhitzten Wettlauf, mittlerweile steht es 3:5, also Kukident Aktiv 3 und Somat 5, letztere haben einfach die vierte Phase übersprungen, Hakle könnte es ihnen gleichtun und auf die 4 vorhandenen noch 2 Lagen draufpacken und die Zahl 6 attraktiv machen. Der Waschmaschinenentkalker Calgon ist schon nach der zweiten Tabletten-Phase abgezweigt und hat via Zwischenetappen wie Gel, Aqua-Pro-Tabs, Expressballs jetzt den Magneten entdeckt, den »Calc Magnet«, eine Art kalkabsorbierendes Läppchen, und prompt reagiert eine Art Putzbürste namens Swiffer Staubmagnet (Bild). Dass das nicht das Ende der Fahnenstange ist, kann sich jeder ausrechnen, die einen werden mitziehen, magnetisches Klopapier liegt auf der Hand, andere werden sich einer anderen Karawane anschliessen, mit der sie weiterziehen können, es bleibt auf jeden Fall ebenso unspannend wie die Frage, wie man eigentlich die Calc-Magnet-Läppchen entkalkt, können sie sich gegenseitig entkalken?

• **SO NICHT**: das eigene Knie ficken und aus Rache abtreiben 

# Bullauge sei wachsam

JOCHEN REINECKE

Der unangenehmste Feind ist immer der, den man noch nicht kennt. Wir wissen nicht, ob Hunde das auch wissen, aber vielleicht ahnen sie es ja. Mit welcher Motivation sollte also ein Hund Haus und Hof des Herrchens verteidigen, wenn er von der Aussenwelt durch einen blickdichten Zaun abgetrennt ist und nicht weiss, ob draussen nur ein harmloser Kleinemädchenentführer oder eben ein gefährlicher Briefträger herumtappt. Ist dieses künstliche Dummhalten des Schutz- und Wachhundes nicht eine besonders subtile Form von psychologischer Gewalt gegen Tiere? Ist es! So sagen zumindest die Tierfreunde von www.petpeek.info und vertreiben für ungefähre 30 Dollar eine Plexiglashalbkugel, die dem geneigten Wachhund zumindest einen Teilblick auf die Welt da draussen gestattet. Schade nur, dass bei der Gelegenheit nicht an eine Wechselbellanlage gedacht wurde. Zu erwartende Line Extensions: Von der anderen Seite aus in den Zaun eingelassene Gummistiefel und Boxhandschuhe, die eine adäquate Gegenwehr des Eindringlings ermöglichen.

# Heisse Luft *revisited*

▲ **Tante Frottees Albtraum: der handtuchlose Haushalt.**

Fragt man plakativ heterosexuelle Männer nach der für sie vorstellbaren schwulstmöglichen Handlung ausserhalb des praktizierten Verkehrs, so bekommt man je nach Tageszeit und sozialer Schicht zwei Antwort-Cluster. Der eine bezieht sich auf den Genuss von Gold-, Extra Mild- und Sun-Bieren, ein zweiter Schwerpunkt findet sich rund um das Föhnen von Körperteilen, die nicht der Kopf sind, also Füsse föhnen, Fingernägellackierung trockenföhnen oder die Nieren warmföhnen. Eine englische Firma namens Triton hat nun den logischen nächsten Schritt getan und einen Ganzkörperföhn entwickelt, der als Handtuchersatz, Badezimmerschnellheizung und Feuchtraumentfeuchter angepriesen wird. Mithilfe eines Wirbels heisser Luft, selbstredend per Fernbedienung in Gang gesetzt, wird der Gebläsefreund schon drei Minuten nach dem Vollbad in die Trockenheit entlassen. Zwei Stichworte noch zur Lufttrocknung an sich: Zum einen ist »Fön« ursprünglich ein Markenname der Firma AEG. Zum anderen sind wir äusserst gespannt auf den Werdegang des Triton Body Dryer, denn seine Funktionsweise entspricht exakt dem durchschnittlichen Vermarktungsansatz im Bereich PR. Die ersten Agenturen sollen das Gerät bereits zu Lehrzwecken geordert haben.

*Menschen mit heisser Luft einwickeln.*

# A Second Point of View

LUKAS IMHOF

Es gibt Produkte, die lassen sich nicht so ohne Weiteres derart weiterentwickeln, dass sie wenigstens minimal Schlagzeilen machen oder gar die Aktienkurse der Herstellerfirma nach oben treiben. Ein einfaches Bluetooth-Headset mag dazugehören. Die Entwicklungsabteilungen der betroffenen Firmen versuchen dieses Problem auf jeweils verschiedene Weisen zu lösen. Wenn ›kleiner und leichter‹ als Strategie nicht mehr funktioniert, versuchen sie es oft genug mit der beliebten Funktionsdoppelung. Dazu verschmelzen sie entweder zwei bis dahin völlig unabhängige Geräte, oder sie gehen den umgekehrten Weg und statten das Gerät selbst mit einem zusätzlichen Feature aus. So hat Nokia nun mit dem *Wireless Image-Headset HS-13W* zum ersten Mal ein Headset mit einem Bildschirm versehen. Weil das Headset dadurch natürlich etwas grösser wird, kann es nicht mehr direkt am Ohr getragen werden, sondern hängt an einem Bändel um den Hals und ist von dort wiederum mit einem Kabelkopfhörer, also einer Art traditionellem Headset, mit dem Ohr verbunden. Der Bildschirm selbst hat im Wesentlichen die gleiche Funktion wie derjenige am zugehörigen Mobiltelefon. So kann man via Bluetooth Bilder vom Handy aufs Headset laden und dort anschauen. Das ist natürlich äusserst praktisch.

Wenn die Designer von Nokia es jetzt noch schaffen würden, eine Tastatur in das Gerät zu integrieren, dann hätten sie etwas wirklich Neues geschaffen: ein Telefon, das via Bluetooth auf alle Funktionen eines Telefones zugreifen könnte. Und wenn sie zu guter Letzt noch das lästige Kabel durch eine, sagen wir einmal, Bluetoothverbindung ersetzen könnten, na dann, aber hallo!

KATHRIN PASSIG

# Ein schöner Tag in der Firma

Als aber die Diskussion um das Dosenpfand wieder ein bisschen abgeebbt war, da warf irgendwer einen Blick ins Gesetz und sagte: »Scheff! Wenn wir in die Dose gar kein Getränk füllen, sondern irgendwas anderes, sagen wir Katzenstreu, oder Klopapier oder meinetwegen belgische Pralinen, dann kostet das gar kein Dosenpfand! Das wäre zwar kompletter Blödsinn, aber ich sag ja nur: theoretisch!« Und jemand anders schneuzte sich in ein Robbenbaby und sagte: »Die Dosen stellen wir dann total sinnlos ins Kühlregal, das wir mit Atomstrom aus der Ukraine kühlen, weil: ist ja eh schon egal!« Und schon bekamen die beiden lustig blinkende rote Leuchthörner zum Aufsetzen und die Goldene Mitarbeitergabel des Monats. Herzlichen Glückwunsch!

• **SO NICHT**: wie von Stephan Katz gezeichnet aussehen 

HOLM FRIEBE

# Wahlverwandtschaften

Zwei Einbeinige ergeben nur selten einen Sprinter.

Kommt das Huhn zum Schwein und schlägt vor: »Schwein, lass uns ein Joint Venture machen!« »Prima Idee,« meint das Schwein, »was wollen wir denn herstellen?« Darauf das Huhn: »Bacon and eggs, natürlich.«

Vielen Marken geht es dieser Tage schlecht. Sie stehen vor Problemen, die sie aus eigener Kraft nicht lösen können. Deshalb suchen sie sich Verbündete, Freunde und Partner, die all das mitbringen, was sie selbst nicht haben. Oft ist unklar, wer dabei Schwein ist und wer Huhn. So schmücken sich der Sportartikelhersteller Puma mit dem japanischen Designerlabel Evisu, H&M kooperiert mit Karl Lagerfeld. Wenn BMW mit Apple kooperiert und VW mit Apple kooperiert, um vom Nimbus des iPod zu profitieren, dann setzt Mercedes mit dem »Smart imove« noch eins drauf und kooperiert mit Apple und MTV. Marketingstrategen sprechen in diesem Zusammenhang sicherlich von »Win-Win-Situation«, aber wie so oft gilt auch hier mitunter der Satz »Zwei Einbeinige ergeben noch keinen Sprinter«. Zu den schlimmsten Totalausfällen auf diesem Gebiet zählt die Verbindung von Nestlés Smarties und Haribos Goldbären zu »Fruity Smarties«, wohingegen gegen die Ehe von Milka und Langnese aus den verfeindeten Häusern

Kraft und Unilever, aus der eine gemeinsame Schokoeis-Linie hervorging, prinzipiell nicht viel einzuwenden ist.

»Branded Brands« nennen die Kollegen von trendwatching.com diesen neuerlichen Hang zur seriellen Monogamie von Marken und führen eine lange Liste weiterer Beispiele auf. Die Aufzeichnungen der jüngeren Zeit verzeichnen zwei wunderschöne Neueinträge, bei denen abrutschender europäischer Auto-Adel aus der Playboy-Ära sich mit neuem Computerschrott-Geld aus Fernost paart, wodurch gleichzeitig der gemeinsame Nachwuchs – generische Laptops – mit einem Sehnsuchtsfluidum physikalischer Beschleunigung überzogen wird, das man im Zeitalter unsichtbarer digitaler Taktung schon unwiederbringlich verloren glaubte: Nachdem der Volumenhersteller Acer sich mit Ferrari verbandelt hatte und mit dem Ferrari 4000 das erste Notebook »in exklusivem Ferrari-Rot« auf den Markt gebracht hatte, dessen »ultimative Technologie … in der Welt der Formel 1 entwickelt und perfektioniert wurde«, antwortet Konkurrent Asus mit einer Serie von »Lamborghini Notebooks« in den typischen Farben Schwarz und Gelb, die »alle markanten Eigenschaften eines echten Lamborghini« aufweisen sollen. Was die Zukunftstauglichkeit dieser ungleichen Paarungen anbelangt, daran scheiden sich die Geister. Niklas Luhmann jedenfalls wäre skeptisch, denn er wusste: »Ehen werden im Himmel geschlossen, im Auto gehen sie auseinander.«

## Panik im Leerlauf

GABRIEL YORAN

**Wie Computer gegen Computer, nur mit Menschen.**

Jean Baudrillard schrieb 1992, das Fernsehen liefe in totaler Indifferenz gegenüber seinen eigenen Bildern, so dass es sogar weitermachen könnte, wenn der Mensch verschwunden wäre. Da dachte er noch nicht an Notebooks. Auf ihren Websites bitten Computerhersteller wie Apple nämlich seit dem Spätsommer 2006 darum, bestimmte explosionsgefährdete Sony-Akkus sofort aus den entsprechenden Laptops zu entfernen und nicht mehr zu verwenden. Das Dokument, das der von Apple gelieferten Austauschbatterie beiliegt, empfiehlt nun nicht nur das glatte Gegenteil (»Setzen Sie die auszutauschende Batterie ein«), sondern verlangt vor der Rücksendung des Altakkus die Entladung desselben mit dem eigenen Notebook. So soll wohl dem unbeabsichtigten Paketbombenversand vorgebeugt werden. Geradezu baudrillardesk erscheint die den mitgelieferten »Tipps für schnelleres Entladen« entnommene Empfehlung, alle Energiesparfunktionen des Laptops abzuschalten, eine DVD abzuspielen oder das Schachprogramm laufen zu lassen – in der Einstellung »Computer gegen Computer«.

Hunderttausende Computer spielen Schach gegen sich selbst, und das nur aus Angst davor, dass weltweit Pakete voller kleiner Sprengkörper in die Luft fliegen könnten. Jean, wo bist du?

# Von Markt- und Zahnlücken

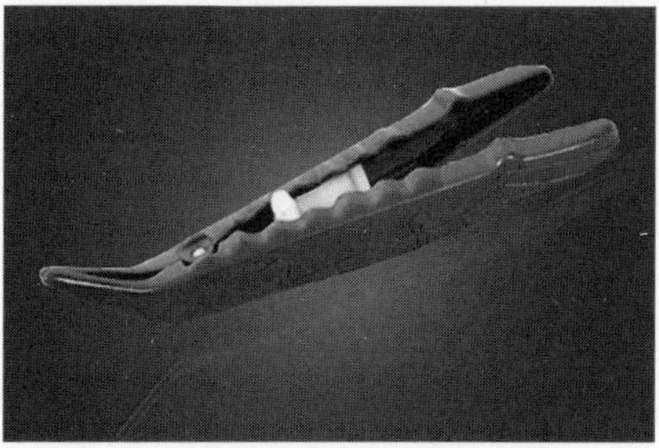

Was ist wohl auf dem nebenstehenden Bild dargestellt? Ein neuartiges Krokodil mit gelbem Zahn? Eine Wäscheklammer mit ergonomischem Griff? Oder aber eine spezielle Zange zum Herausziehen von Milchzähnen? Natürlich alles Unsinn, denn es handelt sich um etwas ganz Einfaches, nämlich um eine spezielle Zange zum Herausziehen von Milchzähnen. Wieder mal ist das eine so dermassen offensichtliche Erfindung wie seinerzeit »Tisch« oder »Haus«, dass man sich tagelang an die Stirn schlägt vor lauter Ärger, nicht selber darauf gekommen zu sein. Man könnte heute ein Patent besitzen, für eine spezielle Zange zum Herausziehen von Milchzähnen! Einziger Trost: Auch die Hersteller der herkömmlichen Geräte für denselben Zweck (Faden und Türklinke, kräftige Ohrfeige, hartes Brot) wurden kalt erwischt.

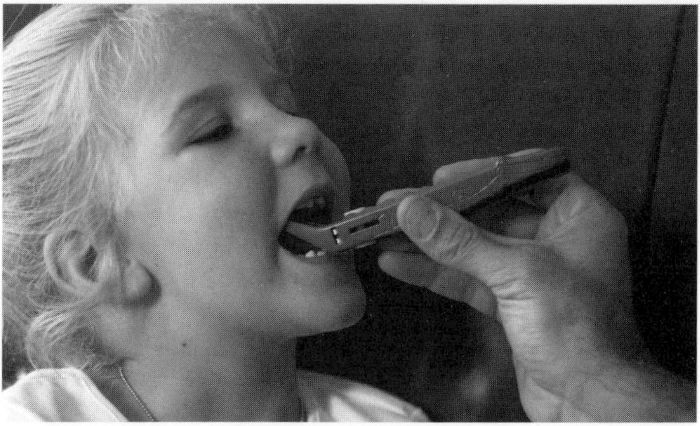

# Autoren

- **Menno Aden** Jahrgang 1972, lebt als Privatier in Singapur. Seine Tagesfreizeit füllt er mit imaginären Botengängen.

- **Christoph Albers** Jahrgang 1970, Flummi, Fluse, Flaneur. Lebt in Berlin.

- **Martin Baaske** Jahrgang 1973, ist Grafiker der Riesenmaschine, was man sich so ähnlich vorstellen muss wie die Bassistenrolle in Bands. Arbeitet in seiner Freizeit an dem Aufbau einer Privatarmee, um mit ihr den Laden eines Tages komplett zu übernehmen.

- **Jan Bölsche** Jahrgang 1973, blinder Fotograf und Programmierer. Arbeitet seit zwei Jahren an einem Gedichtband mit lauffähiger Kurzprosa in Regular-Expression-Syntax. Titel: Das hässliche Endline.

- **Michael Brake** Jahrgang 1980, lebt in Berlin. Weil er beim Kickern nie den Abroller gelernt hat, ist er verbittert und menschenscheu geworden. Strebt jetzt eine Festanstellung als Journalist an.

- **Daniel Erk** Jahrgang 1980, lebt in Berlin und schreibt für verschiedene Medien und Magazine.

- **Holm Friebe** Jahrgang 1972, ist Volkswirt und Generalunternehmer in Berlin. Arbeitet zur Zeit an einem Projekt zur Steigerung der Entropie im Universum und einem Essayband mit dem Titel »Schweigender Glamour«.

- **Caroline Härdter** Jahrgang 1967, lebt und arbeitet in Berkeley, Kalifornien.

- **Wolfgang Herrndorf** Jahrgang 1965, Schriftsteller. Schrieb zuletzt »Diesseits des Van-Allen-Gürtels«.

- **Daniel Hirsch** Jahrgang 1985, stellt sich leidenschaftlich gern Fragen, unter anderem, warum er Biologie studiert und wie er es in dieses Buch geschafft hat. Ansonsten keine auffälligen Merkmale.

- **Lars Hubrich** Jahrgang 1974, arbeitet mit bewegten Bildern und hält den Auftritt von Warren Oates in »Two-Lane Blacktop« für den grössten künstlerischen Akt des 20. Jahrhunderts.

- **Lukas Imhof** Jahrgang 1974, missmutiger Architekt, Zürich.

- **Robert Koall** Jahrgang 1972, Theaterdramaturg.

- **Roland Krause** Jahrgang 1972, analysiert und integriert als Bioinformatiker heterogene biologische Daten. Privat analysiert und integriert er heterogene biologische Daten.

- **Sascha Lobo** Jahrgang 1975, ist Werbetexter, Autor und liess sich im Erdbeersektrausch das Logo der Riesenmaschine tätowieren. Sein Buch »Wir nennen es Arbeit« (mit Holm Friebe) gilt als Klassiker der Selbstrechtfertigungsliteratur. Neuanfänge reizen ihn, er verliert dann aber schnell die

- **Maik Novotny** Jahrgang 1972, macht Sachen mit Städten und Osten. Hat in Wien die Langsamkeit entdeckt und widmet sich nun verbissen ihrer Abschaffung.

- **Kathrin Passig** Jahrgang 1970, hat die Riesenmaschine aus abgebrannten Streichhölzern gebastelt. Eigentlich lässt sie nur ungern andere damit herumspielen. Deshalb besteht die Software überwiegend aus personalisierten Fehlermeldungen, in denen Autoren und Leser zurechtgewiesen werden. »Wir verbessern die Welt – mit Gewalt!« lautet Passigs Plan für das 21. Jahrhundert.

- **Natascha Podgornik** Jahrgang 1972, Grafikdesignerin, wohnt an einem TEUFEL! sehr lauten MÖRDER! Park in GRRWUFF! Berlin. Fährt ein kleineres Angeberauto als Sascha Lobo, hat aber die bessere Frisur.

- **Jochen Reinecke** Jahrgang 1971, schreibt hier und dort, unter anderem als regelmässiger Kolumnist der Frankfurter Allgemeinen Sonntagszeitung. Er tunkt gerne Krabbenbrot in Cola, weil das so schön knistert.

- **Tex Rubinowitz** Jahrgang 1961, geboren und aufgewachsen in Worms, lebt seit 22 Jahren in Wien/Österreich, hat kürzlich den ersten psychogeografischen Führer über seine Exilstadt geschrieben (»Das staubige Tier«). Interessen: Schlamm, Korfball, japanisches Speiseeis.

- **Christian Y. Schmidt** Jahrgang 1956, lebt als Senior Consultant der Zentralen Intelligenz Agentur mehr in Peking als in Ostberlin. Der ehemalige Titanic-Redakteur schreibt für diverse deutschsprachige Zeitungen, Zeitschriften und gelegentlich in Büchern, allerdings nur noch für sehr, sehr viel Geld (Altersvorsorge).

- **Jochen Schmidt** Jahrgang 1970, ist Philologe und Autonarr in Berlin. Hat die »Chaussee der Enthusiasten« gegründet, aber trotzdem keinen Sex. Verliebt sich alle zwei Jahre in die Falsche. Zuschriften nur mit Bild.

- **Ruben Schneider** geboren 1978, Biograph.

- **Aleks Scholz** Jahrgang 1921, erfand sowohl die DDR als auch die Riesenmaschine. Vor kurzem erregte er Aufsehen mit der Entdeckung der 18. Periode des Superzwerges »Atlantis«. Als überschätzt gilt dagegen sein Blockflötenspiel.

- **Kai Schreiber** Jahrgang 1972, ist Beobachter von Fischen und lebt zusammen mit ihnen in Kalifornien. In seiner Freizeit erforscht er die Augen der Menschen und was man damit sehen kann. Fische zum Beispiel.

- **Ira Strübel** Jahrgang 1970, lebt weltabgeschieden in einem Werbekloster bei Heidelberg, wo sie allmählich die Form eines kleinen, borstigen Igels annimmt. Berufswunsch: Papst.

- **Gabriel Yoran** geboren 1978, Unternehmer in Berlin.

# Kredite

**Die Riesenmaschine findet nicht alle neuen Produkte und Entwicklungen selbst, sondern greift regelmäßig auf andere Blogs und Informationsquellen zurück, die über viele wichtige Dinge berichten. Einige davon sind: Boing Boing, we make money not art, OhGizmo!, reddit, Kotaku, Medgadget, Improbable Research, Smart Stuff, Tékozló Homár und Nature.**

**Wir danken außerdem Andrea Kunstmann, Uwe Heldt, Jörn Morisse und sämtlichen Riesenmaschine-Autoren.**

**Dank auch an unsere treue Leserschaft – ohne euch wäre die Riesenmaschine nicht das, was sie heute ist. Oder, na ja, vielleicht doch.**

## Bildnachweise

Seite 9: Jan Bölsche (mit widerstrebender Genehmigung); 19: Christian Y. Schmidt; 20: Sascha Lobo; 21: nachgestellt von Michael Brake; 22: C. Y. Schmidt; 23: Hertha Hurnaus; 27: Martin Baaske; 29: C. Y. Schmidt; 31: DMM products; 32: H. Hurnaus; 33: finnishdesign.fi/mvetusivu; 35: C. Y. Schmidt; 38: Werder Feinkost; 39: Jonathan McIntosh / © Attribution 2.0; 40: M. Baaske; 41: Ira Strübel, 42: Johan Bolhuis (stock.xchng); 43: Andreas König, 44: kga245 (stock.xchng); 45: Hovis / British Bakeries Ltd.; 46: Ernesto and Connie Cheng , MIT Media Lab; 47: Kannenfoto von John Frenzel (stock.xchng), Bearbeitung: M. Baaske; 50: S. Lobo; 53: S. Lobo; 57: Scholz & Friends; 59: Stefan Kühn / webkuehn.de; 61: Kunstkombinat/ Hamburg (Model: Simo); 62: Dean Biggins; 63: David Allag (stock.xchng); 65: leondz (flickr.com), © Attribution-NoDerivs 2.0; 66: Hawkin's Bazaar; 67: S. Lobo; 71: Igelfoto: Vitezslav Valka (stock.xchng); 72: Dan Taylor (flickr.com) / © Attribution 2.0; 73: Mark Miller (stock.xchng); 74: M. Baaske; 75: Lukas Imhof; 76: links: S. Lobo, rechts: Rosa Cabecinhas and Alcino Cunha / © Attribution 2.0; 77: Lars Hubrich; 80: Randy Montoya / Sandia National Laboratories; 81: Die hier gezeigten Abbildungen wurden mit freundlicher Unterstützung der Firma NOCH GmbH & Co. KG zur Verfügung gestellt, die dafür das Copyright besitzt; 82: Public Domain; 83: Public Domain; 84: Kathrin Passig; 85: Philippe Ariaudo (flickr.com) /



• **SO GEHT'S**: Hosen mit 3 Beinen? Eins abschneiden.

Ⓒ Attribution-NoDerivs 2.0; 87: C. Y. Schmidt; 89: links: JWynia (flickr.com) / Ⓒ Attribution 2.0, rechts: Betty Snake (flickr.com) / Ⓒ Attribution 2.0; 91: M. Baaske; 92/93: Esther Hug / Schweizerisches Militärmuseum Full/AG; 96: Brehms Tierleben, 1883; 97: Hans Wu; 99: linkss oben: Frenzy / Dan Whetton (stock.xchng), rechts oben: lhooq38 (flickr.com) / Ⓒ Attribution-NoDerivs 2.0, unten: EikeR (flickr.com) / Ⓒ Attr. 2.0; 100: K. Passig; 101: Thomas Netsch; 102: M. Baaske; 103: links: Storeyland (flickr.com) / Ⓒ Attribution-NoDerivs 2.0, mittig: ltshears, rechts oben: unbekannt (Public Domain), rechts unten: Nick Thorne / Ⓒ Attribution 2.5; 104: tiarescott (flickr.com) / Ⓒ Attribution 2.0; 106: M. Baaske; 107: sarah and iain (flickr.com) / Ⓒ Attribution 2.0; 109: links: Dr. Urs Thalmann, rechts oben: Danielle Langlois / Ⓒ Attribution 2.0, rechts unten: public domain; 110: M. Baaske; 111: Froschfoto: Russell Kent (stock.xchng); 113: jason044 (flickr.com) / Ⓒ Attribution 2.0; 116: ColinGregoryPalmer.net / Ⓒ Attribution 2.0; 117: S. Lobo; 118: S. Lobo; 119: Jennifer Schröder; 120: S. Lobo; 121 – oben: Michael Brake, unten: Son of Groucho (flickr.com) / Ⓒ Attribution 2.0; 124: Caroline Härdter; 126: C. Y. Schmidt; 129: C. Y. Schmidt; 130/131: Daniel Erk; 132: Menno Aden; 133: Keees (flickr.com) / Ⓒ Attribution 2.0; 135: Jochen Schmidt; 138: M. Brake; 139: M. Baaske; 142: M. Baaske; 143: K. Passig; 144: Collage: M.Baaske; 145: Public Domain; 147: M. Baaske; 151: NASA/JPL/Space Science Institute; 152: M. Baaske; 153: NASA Headquarters; 154: Ira Strübel; 155: M. Baaske; 159: – Hier Bildnachweis eintragen! – ; 160: Jean Scheijen / vierdrie.nl; 161: Vincitrice (stock.xchng); 162: L. Imhof; 163: Kai Schreiber; 165/Nagetierfoto: Keith Syvinski (stock.xchng); 167: Professor Huosheng Hu, Department of Computer Science, University of Essex; 171: Samsung; 172: The vPipes Project; 173: Procter & Gamble GmbH; 174: M. Baaske; 175: Triton PLC; 176: Nokia; 177: K. Passig; 178: Kraft Foods; 179: Asus; 180: Mikel Larreategi (flickr.com) / Ⓒ Attribution 2.0; 181: GatorGripper®, Lakewood Family Dentistry

Ⓒ Ausführliche Informationen zu den Creative-Commons-Lizenzen finden sich im Internet:

Ⓒ Attribution 2.0: http://creativecommons.org/licenses/by/2.0/
Ⓒ Attribution 2.5: http://creativecommons.org/licenses/by/2.5/
Ⓒ Attribution-NoDerivs 2.0: http://creativecommons.org/licenses/by-nd/2.0/

Wir haben uns um Klärung aller Bildrechtefragen bemüht. Sollten trotzdem Abbildungen ins Buch geraten sein, die wir nicht hätten verwenden dürfen, bitten wir die Rechteinhaber, sich mit der Riesenmaschine-Redaktion in Verbindung zu setzen: mail@riesenmaschine.de.

# Register


## 0 bis 9

1979 70, 141
2-in-1-Brot 45
24-Stunden-Supermärkte 116
600 Westerntöpfe 141

## A

Achse Mensch-Bakterium 105
Adams, Douglas 115
Algerian Apricot Snowflake 71
Allgäuer Rindsleder 162
Ameisen 101
Ampeln 14, 22
Anstecker, bratpfannengrosse 160
Antikommunist 18
Antimaterie 158
Arbeit 18, 102, 128, 167
Archäologienomenklatur 90
Arschgeweih 50
Arschkrebs 72
Atheist, sudanesischer schwuler 116
Atombombe 11, 68
Austauschbatterie 180
Australien 85, 94, 108, 159
Autobahnen 69, 165
Avatar 169
Axolotl 99, 159

## B

Backenzahnleiste 37
Bacon and eggs 178
Bademützenpflicht 116
Bakterium 105, 144
Ballaststofffolter 41
Baudrillard, Jean 148, 180
Beschäftigungssurrogate 56
Biber 40, 106, 107
Biberartige 101
Bier 38, 56, 74, 126, 139, 145, 148, 149, 162, 163
Big-Mac-Index 143
Birkensaft 40
Birma 22, 123
Blinddarm 58, 94
Blogs 63, 109, 121, 128
Bluetooth 176
Bono 22
Brainslugs 85
Branded Brands 179
Brezelschrift 22
Briefmarkenautomaten 17
Bronzespandex 26
Brot, hartes 181
Buddy Bears 77

## C

Carry-Stuff-Phänomen 166
Casio-Taschenrechner 154
Character Design 121
China 14, 18, 28, 34, 59, 67, 69, 70, 91, 104, 127, 128, 129, 134
Chitinpanzer 103
Counterstrike 92
CSUisierung 47

## D

Damenrad 118
Daoismus 86
Daten, gefälschte 84
Daumen 16, 88
DDR 59, 90, 116, 185
Digitalanzeige 46
Dinosaurier 59, 77, 113, 138
Dirac 158
DJ 16, 118
DNA 11, 127
Doppelbinnenstaatendasein 122
Dosenpfand 177
Dr. Motte 60
Drogen 24, 107, 116, 121, 165
Duck Hunt 63
Dudelsack 102, 172
Dunkelheitsschutztipp 152
Dupont und Dupond 86

## E

eBay 56, 170
Ecotourism 126
Eco, Umberto 27, 52
Eichhörnchen 107, 110
Einbauküche 33
Einstein, Albert 136, 156, 157
Einweg-Platinzahnstocher 171
Energie 48, 66, 156
Entenmunition 63
Erdmagnetfeld 138
Euphemismenmarkt 76
Evolution 31, 33, 50, 60, 106, 108, 109, 144, 145, 146

F

Fahrsimulator Panzerhaubitze 92
Features 39, 49, 54, 94, 100, 131, 164, 171, 176
Fernkopierer 21
Fernseher 50, 145
Feuerwerke, grün-schwarze 149
Fideisten 155
Finnland 23, 33, 40, 125
Flint, Keith 86
Flughäfen 20, 51, 161
Flugzeugträgerluftschiffe 82
Ford, Henry 69
Fortschritt 12, 14, 24, 49, 70, 136
Foucault, Michel 147
Frau ohne Zettel 129
Freiberuflerwecker 162
Froschstern B 115
Funktionsdoppelung 176
Furby 121

G

Gadgets 63, 74
Galilei, Galileo 136, 155
Ganzkörperföhn 175
Gegendassystemsein 129
Gehirn 12, 13, 48
Geruchsreaktionsprofile 89
Geschirrspülmittel 173
Geschlechtliches 17
Getränkemischehe 47
Geweihproliferation 50
Gigalichtjahre 157
Glibber, undefinierbarer 43
Glykolwein-Skandal 111
GPS 63, 125
Graffitistrasse 133
Grafiker/in 20, 162, 182
Grüner Tee 47
Grundschulkinder 172
Guerilla-Kommunikation 52

H

H0 81
Hammerhai 140
Hammer und Sichel 18
Handys 50, 60, 148, 163, 165, 171
Harnstoffkonzentration 111
Haustierhoax 98
Heraldiker 19
Hidden Agenda 25
Hilton, Paris 99, 149
Hingabe, irrationale 24
Hintern, bester von allen Ikonen der kommunistischen Weltbewegung 34
Hippies 11, 86
Hisbollah-T-Shirts 131
Hitler 27
Hörner 50
Hologramm 31, 89
Hot Content 80
Hoyle, Fred 142
Hubschrauber 7, 126
Hüte mit Flaggen dran 160
Hula-Hoop-Tanzen 129
Hunde 37, 70, 71, 79, 98, 106, 110, 144, 174
Hybridantrieb 69

I

Ich, vollverkabeltes 58
Igel 36, 51, 71, 111
Igeldatenschutz 71
IKEA 125
Indisches Springkraut 64
Instant-Dao 86
Internet 10, 11, 13, 15, 33, 49, 68, 70, 73, 86, 90, 108, 116, 119, 122, 128, 129, 134, 149, 151, 170
iPod 60, 166, 178
Irokesendörfer 90

J

Japan 58, 121, 123
Japetus 150
Judasohr 42

K

Kanada 12, 112, 165
Kapitalismus 69, 129
Karl-May-Reggaemusiker 27
Karma-Endabrechnung 75
Kartoffelchips 38, 41
Kartoffelpuffer 36
Kastrat auf Helium 60
Katzen-Content 12
Kaugummi-Metal 23
Kegelschnecken 110
Kiwis 106
Klagekraken 48
Kleinbäckereien 45
Klimawandel 108
Klingelhose 111
Klopapier 134, 135, 173, 177
Knäckebrot 37

Koa-Hartholz, hawaiianisches 168
Königsköpfe 13
Kommunismus 69
Komodowaran 55, 110
Kormoran 104, 112, 113
Kreationisten 33
Kruste 45
Kühlschrank 21, 89
Kugelsternhaufen 21, 153
Kunstkuhaktion 77

**L**
Lacrosse 90
Lambda 156, 157
Larve 102, 110
Laserkanone 37
Lazarus-Effekt 94
Lenin 34
Lesotho 122
Limonadenverfeinerung, sinnlose 44
Löcher 59, 145, 153, 158, 159
Logo 11, 18, 19, 183
Luhmann, Niklas 179

**M**
Mangel 94, 158, 159
Manhattan 68, 83
Marmeladenglas 146
Marx, Karl 168
Metaunkenntnis 96
Methanflüsse 151
Mickymäuse 127
Midlife-Crisis 48
Mies van der Rohe, Ludwig 114/115
Milchzähne 181
Millisekundenbereich 46
Minikamera 92
Moeritherium 100
Mofas mit Nuklearantrieb 171
Moslem-CSU, teilmilitante 130
Mu-Err 42/43
Mutterkuchen, frittierter 41
MP3 60, 116

**N**
Nagetiere 13, 89, 94, 107
Nanofauna 95
Nanophysiker 84
Narwal 96
Nauru 104, 165
Non-Lethal Weapons 88
Nürnberger Rassegesetze 20
Nymphen, blutjunge nackte 148

**O**
Öko-Gadgets 132
One Hand Action 164
Onkel Ho 34
Opalka, Roman 140
Opferkerzen 155
Osteuropa 135

**P**
Paketbombenversand 180
Panspermien-Hypothese 142
Partschins 73
Pet Shop Boys 118
Pferdefleischeis, rohes 39
Pferdeland 123
Pilze 42, 95, 108, 153, 166, 167
Pink Germany 65
Pistazien 123
Pixelästhetik 21
Plastische Chirurgie 144
Plattentektonik 85
Plexiglashalbkugel 174
PopUp-Müllhalden 120
Power Ball 139
PR 117, 175
Pralinen, belgische 177
Preiserlein 81
Protestschlafen 62

**Q**
Quallen 34, 103, 110
Quantentheorie 137
Quark 91

**R**
Raelianer 167
Rätoromanisch 75
Rattenartige 101
Raub-DVDs 70
Reichsflugscheibe 82
Rekordsommer 11
Rentiere 62
Revolution 81
Riesenplakat 67
Riesenriesenplakat 52
Rindernasen 39
Robbenbabys 146, 177
Roboter 66, 74, 167

**S**
Säbelzahntiger 145
Salateis 39
Sammlung, hyperinformative 110
Santiago de Cuba 114

Saturn 150/151
Schalterterroristen 17
Scheinhöhepunkt 38
Schimpansengenom 91
Schlammpeitzger-Prinzip 94
Schnurrbart 117
Scholastik 144
School Meal Fascists 41
Schrödingers Katze 168
Schuhverschliessungsfront 30
Schwarze Löcher 153
Schweiz 13, 65, 75
Scorpions-T-Shirt 25
Seele 134, 135, 141, 144, 158
Selbstverstümmler 23
Shiitake 42/43
Shintoismus 121
Silikonbrust 144
Simpsons 21
Slacklining 124
Sonne 46, 62, 129, 155
Sonnenfaschismus 62
Sony 132, 180
Sozialpiktogramme 32
Space Invaders 21, 133
Specht 97, 104
Spiralgalaxien 139
Stahl 51, 51, 51, 51, 51, 51, 51, 51, 51, 51, 51, 51, 51, 51, 51, 51, 115
Steady-State-Theorie 142
Stereoskop 54
Stickstoff 37, 39
Styroporbecher 105
Sub-Hausstaubmilbenbereich 95
Superfähigkeiten 94
Supernova 80, 161
Suppe 46

## T

tapahtumakalenteri 33
Tasmanische Teufel 72
Tausendfüsslerinvasion 103
Tausendkontaktpreis 67
Tesla, Nikola 85
Teufelsgärten 101
Tiere, daumenlose 31
Tiere, drollige 72
Tiere, entkontextualisierte 103
Tiere, gefährliche 49
Tiere, hilflose und doofe 146
Tiere, kleine flauschige 66
Tiere, kleine und kleinste 31
Tiere, schöne neue 109
Tiere, seltsam degenerierte 126
Tiere, wilde und giftige 165
Tipler, Frank 154
Thymus 109
Trends 7, 25, 27, 45, 73, 95, 124, 143, 150
Tubennahrung 36

## U

U-Bahnhöfe 32
Über-Ich 147
Übertopf »Billig« 125
Uhrenerfinder 46
Umkehrperiskop 82
Umweltverschmutzung 11
Ungeziefer 89, 112
Universum, Anfang des 163
USA 88, 89, 123
Usbekistan 122

## V

Vedische Zeitrechnung 119
Veloursmantelkäufer 146
Vermutungspapst Newton 136
Victoria-Barsch 103
Vintage 117
Viskosität 46
Vizcacha 94, 107
Vögel, flugunfähige 106
Völkermord 7, 75
Vogelmitfahrverbot, totales 97

## W

Wellness (Nachfolger) 73, 143
Weltbrandingkrieg 28, 29
Werbebauer 67
Werkbank 11
White, Barry 60
Wien 77, 133
Wikipedia 66, 86, 104, 114, 146, 147
Wissenschaftler, verrückter 88
Wobbly Hedgehog Syndrome 71
Wodka 47
Wolkenformation 15
Wu-Dynastie 16
Wüstenmineralien 76
Wunschkonzert (keins) 50

## XYZ

Xelibri 74
Zange 32, 181
Z-Machine 80
Zugrestauranttüren 23
Zukunft 7, 23, 26, 48, 49, 89, 95, 99, 112, 128, 132, 154
Zurück in die Zukunft II 49

RIESEN MASCHINE
Das brandneue Universum
Sander Baaske Bölsche
»NEU«
...jetzt auch im
„NETZ“
Mit unzähligen Vorteilen für treue Leser, z.B.:
• Kein lästiges Blättern mehr!
• Kein muffiger Papiergeruch!
• Kein unschönes Verknicken!
Das ist die Zukunft!
Einfach »riesenmaschine.de« in die Systemzeile Ihres Netzendgerätes* eingeben und schon geht es los!
Schon mehrere Tausend Nutzer täglich lesen das moderne Netz-Magazin!
* Das Netz ist in vielen Orten Deutschlands, Österreichs und der Schweiz bereits verfügbar. Dort kann »riesenmaschine.de« problemlos empfangen werden. Der freundliche Telekommunikationstechniker aus Ihrem Branchenbuch installiert Ihnen gerne das hierfür nötige Netzendgerät.
»Na hören Sie mal! Ich bin 78 und will den Edelshit noch erleben, ist das klar?«
»Meinen Sie tatsächlich, jetzt wäre der richtige Zeitpunkt für den Netzeinstieg?«
Und Sie?